Une histoire érotique de l'Élysée

DU MÊME AUTEUR

Images de la Révolution Française, Paris, Du May, 1989.

Le Général Boulanger, Paris, Olivier Orban, 1991, rééd. Perrin 1999.

Banania. Histoire d'une passion française, Paris, Du May, 1992.

Le Boulangisme, Paris, Le Seuil, 1992.

La République des hommes d'affaires 1870-1900, Paris, Aubier, 1997.

Les Grands Discours parlementaires de la Troisième République, Paris, Armand Colin, 2 vol., 2004.

Les Grands Discours parlementaires de la Cinquième République, Paris, Armand Colin, 2006.

Centre et centrisme en Europe aux XIXe et XXe siècles, Paris, Peter Lang, 2006.

Histoire du Parlement en France, de 1789 à nos jours (dir.), Paris, Armand Colin, 2007.

La France de la Ve République. 1958-2008 (dir.), Paris, Armand Colin, 2008.

Les Patrons et la politique. 150 ans de liaisons dangereuses, Paris, Perrin, 2011.

Les Hommes providentiels. Histoire d'une fascination française, Paris, Le Seuil, 2012.

Le Monde selon Clemenceau, Paris, Tallandier, 2014.

Histoire secrète de la corruption sous la Ve République (dir. avec Yvonnick Denoël), Paris, Nouveau Monde Éditions, 2014.

Chaban-Delmas. L'ardent, Paris, La Documentation française, collection « Tribuns », 2015.

(suite en fin d'ouvrage)

Jean Garrigues

Une histoire érotique de l'Élysée

de la Pompadour aux paparazzi

PETITE BIBLIO
PAYOT

À Éric et Hugues, et à l'amitié

Ouvrage dirigé par Sophie Bajard

INTRODUCTION

Dans son roman *Grand Amour*, Érik Orsenna, qui fut conseiller de François Mitterrand à l'Élysée, raconte comment son héros Gabriel, profitant de la magie érotique de ce lieu du pouvoir suprême, initie entre deux portes ses invitées de charme aux plaisirs incomparables de l'amour au sommet de l'État. « Un palais de la main gauche, palais à femmes », bougonnait le général de Gaulle en s'y installant en janvier 1959. De fait, si l'on remonte le fil de l'histoire de cet hôtel particulier, édifié en 1722 pour Louis Henri de La Tour d'Auvergne, comte d'Évreux, il semble que les jeux du désir et de la sensualité y aient souvent occupé une place de choix, parfois aussi importante que celle de la politique.

Point n'est besoin de rappeler que « le pouvoir est le plus puissant des aphrodisiaques », comme aimait à le dire Henry Kissinger, aussi bien pour ceux qui le détiennent que pour celles qui y cèdent[1]. Les politiques s'apparentent aux personnages de la pièce *Le Balcon* de Jean Genet, des hommes de pouvoir – le Juge, le Chef de la police, le Général et l'Évêque –, qui, au bordel, n'ont de sexualité que s'ils accèdent à quelque chose qu'ils rêvent de devenir, à un jeu de rôle qui leur permet d'asservir ou de se soumettre. C'est ainsi que Bill Clinton avouait avoir une érection rien qu'en faisant un discours. François Mitterrand repartait rarement seul d'un meeting. Valéry Giscard d'Estaing ne regardait que les jolies femmes pendant ses allocutions. Quant à Jacques Chirac, il était réputé pour sa rapidité d'action. Sans doute parce que la fonction même d'homme politique implique une excitation permanente, à la fois nerveuse et physique. « On est tout le temps au milieu des autres, en train de séduire, de décider, d'agir, dans un état d'éveil sensoriel permanent », rappelle le psychanalyste Serge Hefez[2]. Comme le note Raphaëlle Bacqué dans son livre *Les Strauss-Kahn*, écrit avec Ariane Chemin : « La politique est une folle vie d'aventure, sans horaires, avec des combats et des défis incessants : cela suscite un climat d'érotisme partagé. Souvent passionnées de politique, ces femmes adorent cette ambiance d'adrénaline et l'attraction que représente le pouvoir. »

D'ailleurs, l'exercice du pouvoir, à toutes les époques et sous tous les régimes, s'est toujours accompagné d'une frénésie de conquêtes amoureuses, à laquelle répondait la fascination pour celui qui tenait entre ses mains la destinée des autres. « S'approcher du politique, c'est approcher l'Olympe », écrit le psychanalyste Jean-Claude Liaudet, évoquant « une fascination quasi divine[3] ». L'écrivain Jean-Marie Rouart se souvient qu'un jour, à la fin des années 1960, Edgar Faure, figure de la vie politique et grand séducteur devant l'Éternel, lui avait lancé : « Quand j'étais ministre, quelques femmes m'ont résisté ; une fois président du Conseil, plus une seule[4]. » Le même, toisant une jeune et jolie journaliste dans les couloirs de l'Assemblée nationale : « Mademoiselle, je ne vous dévisage pas, je vous envisage. » La très catholique Christine Boutin, qui fut ministre, se confie à la revue *Charles* : « Quand on parle de séduction, on évoque souvent les hommes politiques qui ont des aventures, mais il faut savoir que les femmes se jettent dans leurs bras ! Ce n'est pas si évident pour eux de leur résister ! » Bernadette Chirac le confirme en 2016, forte d'une solide expérience en la matière : « Tous les hommes qui ont du pouvoir ou une très grosse fortune attirent les femmes. » Si l'on en croit une anecdote racontée par Georges-Marc Benamou, nommé conseiller à la culture par Nicolas Sarkozy, il se serait fait apostropher ainsi par ce dernier dans les couloirs de l'Élysée : « Tu verras, tu vas avoir toutes les femmes que tu veux. Tu vas baiser comme un fou ![5] » Boutade révélatrice, que confirme le témoignage de Séverine Tessier, une attachée parlementaire qui avait créé le collectif « Les Insistantes » en 1997 afin de dénoncer le sexisme ambiant : « Pour de multiples raisons – stress, pouvoir, ego –, les hommes politiques ont un rapport pathologique aux femmes et à autrui en général…[6] » Au point que Valéry Giscard d'Estaing confie dans ses Mémoires, intitulés *Le Pouvoir et la Vie*, qu'il les lui fallait toutes : « Pendant mon septennat, j'ai été amoureux de dix-sept millions de Françaises. » Il admirait en esthète « leur manière de se tenir droites, pour mettre leur taille en valeur, leur démarche naturelle, précise, sans raideur ni volonté trop visible d'accrocher l'attention, et surtout leur sourire, leur délicieux sourire, où se retrouvent à chaque instant les deux faces de leur féminité, l'aimante et la maternelle… ». À l'instar de Henri IV, le Vert Galant, son appétit de séduire était irrépressible, à l'image de son pouvoir absolu. « Chez nous, le président n'est plus un homme politique », constate l'écrivain Denis Tillinac, grand ami de Jacques Chirac, « c'est le roi de France avec sa cour et toutes les mœurs qui vont avec[7] ».

Pas étonnant dans ces conditions que l'érotisme, c'est-à-dire le culte du désir amoureux, ait toujours imprégné les lieux du pouvoir, à commencer par celui qui incarne depuis le XIXe siècle le pouvoir suprême : l'Élysée. Il n'est que de se promener au hasard des salles du palais. On y croise notamment Vénus, tenant son miroir, à l'entrée du salon Pompadour, puis le salon d'argent, qui fut le boudoir de Caroline Bonaparte, devenue princesse Murat, et où, en 1899, le président Félix Faure fut victime d'un malaise mortel. Bien que les chefs d'État depuis Jules Grévy aient mis un point d'honneur à transformer ce qui était à l'origine un hôtel particulier voué au libertinage en un palais solennel de la République, on y respire encore un parfum de sensualité et de désir dont l'Histoire a imprégné les lieux. Ce fut d'abord une histoire de plaisirs, quand le comte d'Évreux, lieutenant général des armées du roi puis gouverneur de l'Île-de-France, se fit construire un palais grâce à la dot de sa femme, fille du plus riche financier du royaume. Si la Pompadour, surnommée « la coquine du roi » Louis XV, y vécut en recluse plus qu'en courtisane, le banquier Beaujon, qui lui succéda au palais, ne se priva pas d'y convoquer tous les plaisirs. Puis ce fut au tour de la duchesse de Bourbon, séparée de son mari, d'y vivre à sa guise, avant que les Hovyn, couple de bourgeois venus de Belgique, ne transforment les lieux en un établissement de jeux et de danses, où se pressaient les « Merveilleuses » du Directoire. La période du Consulat et de l'Empire ne dérogea pas à cette inclination au plaisir, surtout lorsque Joachim Murat, maréchal d'Empire, s'y installa avec sa femme, la princesse Caroline, sœur de l'Empereur, dont la liberté de mœurs n'avait d'égale que l'ambition. Mais c'est surtout sous le second Empire que la sexualité débridée de Napoléon III imprégna l'Élysée, et tous les autres lieux de ses villégiatures, d'un parfum de soufre et de plaisirs. On aurait pu penser que la Troisième République, si profondément marquée par la légende noire de celui que le père Hugo avait surnommé « Napoléon le Petit », tournerait le dos à l'érotisme du pouvoir. Bien au contraire, ceux qui fréquentèrent l'Élysée et les palais de la République dans ces années glorieuses de la construction républicaine, Adolphe Thiers, Léon Gambetta, Georges Clemenceau, Félix Faure et les autres, sacrifièrent pour la plupart au culte des jolies femmes, maîtresses et courtisanes, comme à un usage social de rigueur. Et si l'entre-deux-guerres, en deuil de l'insouciante légèreté de la Belle Époque, se prêta moins aux cocottes qu'aux égéries, la fréquentation des coulisses de théâtre ou des « maisons » spécialisées resta un rituel politique auquel bon nombre de puissants continuèrent à se plier. La génération de la Seconde Guerre mondiale, trempée au feu de la Résistance et de la menace d'une mort imminente qui pesait sur leur tête, fut marquée par ce sentiment d'urgence qui mène à la frénésie des plaisirs. Edgar Faure, Jacques Chaban-Delmas et bien sûr François Mitterrand, l'éternel séducteur, en furent des figures de proue, et d'autres encore, un peu plus jeunes, tels Valéry Giscard d'Estaing et Jacques Chirac, deux présidents profondément imprégnés par la passion des femmes et de la conquête. Françoise Giroud, qui dirigeait le magazine *L'Express* dans les années 1970, sut jouer à merveille de cette boulimie de séduction des politiques en lançant à l'assaut des palais de la République un trio de toutes jeunes et talentueuses journalistes, Michèle Cotta, Irène Allier et Catherine Nay, armes fatales de séduction pour obtenir les confidences de ces messieurs du pouvoir. « Vous êtes un bataillon de charme, vous allez les faire parler », leur aurait lancé Jean-Jacques Servan-Schreiber, patron du journal, tandis que Françoise Giroud ajoutait en aparté : « Attention quand même où vous mettez les pieds[8]. » Puis le goût presque obsessionnel du secret, à la fois héritage ancestral de la double vie des politiques et survivance des pratiques de clandestinité, vola en éclats avec la génération suivante, familière de la médiatisation, des réseaux sociaux et du storytelling. Avec la révélation en 1994 de Mazarine, la fille cachée de François Mitterrand, et plus encore avec la présidence de Nicolas Sarkozy, nous sommes entrés dans l'ère de l'exhibition, livrant en pâture au public friand de sensations les péripéties de l'intime, voire de l'érotisme présidentiel.

Comment raconter une telle histoire, sans tomber dans l'accumulation d'anecdotes plus ou moins grivoises, et souvent plus ou moins vraies ? En ayant sans cesse à l'esprit que les comportements amoureux des hommes de pouvoir sont d'abord et avant tout le reflet des normes et des coutumes qui régissent les rapports sociaux de leur époque, que ce soit entre les sexes, entre les âges ou entre les catégories sociales. Il s'en dégage au long cours un insupportable fumet de machisme archaïque, lié au sexisme et à la phallocratie. De ce fait, et au-delà du tempérament et des spécificités des uns et des autres, il y a dans une histoire de ce type une valeur d'homologation socioculturelle qui est passionnante à analyser. Cette histoire d'érotisme et de pouvoir, c'est au fond l'histoire des relations amoureuses de Louis XV jusqu'à Emmanuel Macron, et c'est peut-être ce qui en fait le prix.

1

Le temps des libertins, du comte d'Évreux aux « Merveilleuses »

Bien avant de devenir le lieu du pouvoir suprême, il était dit que l'Élysée serait voué à l'érotisme. De la Régence au Directoire, il fut l'emblème de ce siècle libertin où la noblesse déclinante brûlait avec insouciance les derniers feux de sa splendeur révolue. Le pouvoir vacillait à Versailles, mais les princes et les ducs s'amusaient à Paris, aveugles et sourds aux grondements de la révolte qui montaient du peuple accablé. Les plaisirs étaient leur refuge, les jeux de l'amour et du hasard étaient le dernier privilège dont ils entendaient jouir à satiété. Ils se noyèrent, ils se perdirent dans la ronde effrénée et suicidaire de ces « liaisons dangereuses », qui n'étaient que mirage de l'oubli. C'est ainsi qu'en l'hôtel d'Évreux fut cultivé le goût des belles choses et des fruits défendus, en lisière de ce peuple de Paris excédé par les injustices du système monarchique, et qui n'attendait qu'une étincelle pour entrer en révolution. L'Ancien Régime brandit jusqu'à sa mort l'étendard rutilant de l'érotisme libertin, mais ce fut son talon d'Achille car il périt des flèches de Cupidon.

La plus belle maison de plaisance de Paris

C'est en effet sous la Régence du duc d'Orléans, réputé pour son goût des plaisirs, que fut inauguré en 1720 cet hôtel particulier construit pour Henri de La Tour d'Auvergne, comte d'Évreux, aux frais de son beau-père, le banquier toulousain Antoine Crozat, qui avait fait fortune dans la traite négrière de Saint-Domingue. Surnommé par Saint-Simon « le plus riche homme de Paris », ce dernier s'était vu accorder par Louis XIV le privilège du commerce avec la Louisiane française, dont il était quasiment le propriétaire[1]. Mais en dépit de son extraordinaire prospérité, il restait aux yeux de la noblesse une sorte de parvenu, et le comte d'Évreux, petit-neveu de Turenne, fils du duc de Bouillon et d'une nièce de Mazarin, se chargea de le lui faire comprendre. C'est évidemment par pur intérêt qu'il avait accepté en avril 1707, à 38 ans, d'épouser la toute jeune Marie-Anne, fille de Crozat, alors âgée de 12 ans à peine, et c'est grâce à l'argent de la dot qu'il avait pu acheter sa charge de colonel-général de la cavalerie. La mère du comte, la duchesse de Bouillon, appelait avec ironie sa future bru « le lingot d'or ». Mais quelle fierté pour ce parvenu à l'ambition sans bornes qu'était Crozat ! Deux jours après la noce, la nubile comtesse d'Évreux fut présentée au roi Louis XIV et elle se vit même attribuer un « tabouret », honneur réservé aux plus grandes dames de la Cour. D'où ce couplet graveleux qui circulait dans Paris : « Les tabourets de nos duchesses / Portent de très ignobles fesses : / Pour être assise maintenant, / Il ne faut qu'avoir des richesses. / D'Évreux, la dernière comtesse, / Du sang de France était princesse. / Mais d'un nom d'un si haut éclat / La culbute paraît burlesque / Qui va de fille à Crozat / Faire une princesse grotesque. » En s'alliant au comte d'Évreux, Crozat pensait réaliser un coup d'éclat, mais, écrit Saint-Simon, il lui valut « le repentir et la douleur et de tout le reste de sa vie ». En effet, l'appétit de son gendre au sang bleu et à « l'esprit au-dessous du médiocre », si l'on en croit le mémorialiste, n'avait d'égal que sa muflerie à l'égard du financier[2]. Non seulement il lui extorquait sans cesse d'importantes sommes, mais se montrait odieux avec la jeune Marie-Anne, pourtant ravissante, mais qu'il méprisait parce que de basse extraction. « Volontiers, il en eût fait sa maîtresse, rapportent les Mémoires (apocryphes) du duc de Richelieu, mais elle était roturière et en sa qualité d'époux il lui était venu, disait-il, un sentiment de répugnance[3]. » Lorsqu'il sollicita l'agrément du Régent pour l'achat de la capitainerie des chasses de Monceaux, on lui promit le brevet à condition qu'il se fasse construire un hôtel digne de ses origines et de sa position. L'hôtel d'Évreux serait le prix de la mésalliance pour ce « grand » du royaume assoiffé d'honneurs.

C'est donc pour répondre au défi du Régent que le comte d'Évreux vendit le comté de Tancarville, que lui avait offert son beau-père, au financier John Law, le pire ennemi de ce dernier. Il put ainsi s'acheter un terrain d'une trentaine d'arpents, environ dix hectares, alors aux limites du Paris urbain, dans ce qui s'appelait alors le faubourg du Roule, une plaine parsemée de pâturages et de cultures maraîchères, mais où commençaient à s'édifier quelques demeures aristocratiques, parmi les champs et les masures au toit de chaume. Ce lopin de terre s'appelait le terrain des Gourdes, non pas à cause des femmes de mauvaise vie qui y erraient parfois, mais parce que l'on y cultivait des cucurbitacées. Cependant, il était à prévoir que ce faubourg mal famé n'allait pas tarder à prendre de la valeur car il était à proximité du Grand Cours, que l'on commençait à appeler Champs-Élysées. Vaste avenue bordée d'ormes et de terrasses de gazon, c'était devenu un lieu de promenade apprécié de la noblesse depuis que Louis XIV l'avait fait aménager par André Le Nôtre, le paysagiste du château de Versailles. Un endroit rêvé pour y faire construire un palais d'apparat.

Les travaux de l'hôtel d'Évreux, conduits par l'architecte Armand-Claude Mollet, commencèrent fin 1718, et l'on vit s'édifier l'une des plus belles demeures aristocratiques de Paris, ornée d'un portail monumental (aujourd'hui disparu) portant le blason du propriétaire et qui donnait sur une vaste cour arrondie et entourée de dépendances, tandis que de l'autre côté du corps principal s'étendait un grand jardin composé de quatre parterres et prolongé jusqu'aux Champs-Élysées. La chambre de parade, plus tard nommée « salon Pompadour », était décorée par des répliques du peintre Jean-Antoine Watteau, dont l'une, intitulée *Les Charmes de la vie*, représentait un musicien jouant du luth pour une famille d'aristocrates dans un décor théâtral sur fond de campagne idéalisée. La sensualité y était naturelle et sublimée, comme il se devait pour un prince de ce rang. Alors même que la décoration intérieure n'était pas encore achevée, le comte d'Évreux s'empressa d'y donner un grand bal, le 14 décembre 1720, où il convia bien sûr le Régent et son escouade de libertins. Beau joueur, le prince remit au comte le brevet qui lui avait été promis et lui fit même octroyer cent quarante toises de terrain supplémentaires pour agrandir le jardin à ses dimensions actuelles.

Ce fut aussi la première et la dernière fois que Marie-Anne Crozat, comtesse d'Évreux, mit les pieds dans le palais édifié grâce à son père. Lassée par le mépris de son aristocrate époux, elle avait déposé six mois plus tôt une demande en séparation de biens. Quelques semaines plus tard, le comte avait certifié devant notaire avoir remboursé la dot, et, en novembre, la séparation avait été prononcée. C'est pourquoi, en plein milieu du bal, il prit le bras de son épouse et la raccompagna jusqu'à son carrosse en la priant de ne plus jamais reparaître en ces lieux. Et c'est en compagnie de sa maîtresse, la duchesse de Lesdiguières, qu'il termina la nuit dans sa nouvelle demeure, décrite par les contemporains comme « la plus belle maison de plaisance des environs de Paris ». Il la fit d'ailleurs embellir par un autre architecte, Jules-Michel Hardouin, neveu du grand Mansart, et par le sculpteur Michel II Lange, prêté par le Régent, qui aménagèrent notamment le grand salon donnant sur le jardin, aujourd'hui dénommé salon des Ambassadeurs, ainsi que des antichambres devenues par la suite le salon des Aides de camp et le salon Murat. C'est donc dans ce cadre fastueux que le comte d'Évreux, qui n'avait eu pour seul mérite que d'épouser la fille d'Antoine Crozat avant de la répudier, coula des jours heureux avec sa maîtresse, goûtant sans vergogne aux voluptés de l'amour auprès de courtisanes qui monnayaient chèrement leur vertu. Des parties fines s'y multiplièrent, et le comte y laissa une grande partie de sa fortune. Mais il la dépensa surtout après la disparition prématurée de Marie-Anne, en juillet 1729, à l'âge de 34 ans, lorsque Crozat, considérant que le comte ne lui avait pas remboursé toute la dot, lui infligea pour se venger une cascade de procès qui le ruinèrent littéralement. S'il n'obtint pas de récupérer le palais de l'Élysée comme il en avait l'intention, le vieux financier reçut en échange 500 000 livres de son ex-gendre aux abois. Les dernières années du comte furent solitaires et sinistres, comme si une justice immanente s'était abattue sur lui. « Apoplectique et usé », selon les mots de Saint-Simon, il mourut dans sa chambre de l'aile latérale, l'actuel salon des Cartes, en 1753, sans descendance.

L'hôtel fut alors vendu le 24 décembre 1753 pour la somme de 730 000 livres à Jeanne-Antoinette Poisson, épouse séparée de M. Le Normant d'Étioles, et depuis un an non plus marquise mais duchesse de Pompadour.

Le dernier caprice de la « putain du roi »

Lorsqu'elle reçut ce royal hommage de Louis XV, la Pompadour n'était plus tout à fait la reine des plaisirs qui avait séduit le souverain quelques années plus tôt[4]. Si l'on en croit le témoignage du marquis d'Argenson, son ennemi intime, les relations charnelles entre le souverain et sa favorite avaient cessé depuis 1750. « Madame avait la tête vive et le cœur sensible ; mais elle était froide à l'excès pour l'amour », témoigne par ailleurs sa femme de chambre, Mme du Hausset[5]. Désormais, elle n'était plus la maîtresse mais la confidente du roi, son amie de cœur, au point de sélectionner les jeunes créatures appelées à satisfaire ses appétits. Dans une petite maison du Parc-aux-Cerfs, dans les faubourgs de Versailles, se succédaient ainsi de jeunes beautés, dont la plus belle, rencontrée en mars 1753, fut sans doute la petite Marie-Louise Murphy, ou O'Murphy, surnommée Morphise, d'origine irlandaise, ravissante pucelle de même pas 14 ans, que sa mère vendit au roi pour la somme de 10 000 livres. La Pompadour était parfaitement au courant de ces royales escapades, et l'on disait même qu'elle en était la complice. Mais le nonce du pape assura qu'elle lui avait fait une scène de jalousie à l'encontre de la délicieuse Morphise. Elle restait néanmoins auprès de Louis XV une conseillère de premier plan, d'ailleurs aussi désastreuse en politique qu'elle était avisée en matière de décoration.

Après s'être fait offrir l'hôtel des Réservoirs à Versailles, puis des châteaux à Bellevue, dominant la Seine, à Crécy, près de Dreux, à La Celle, entre Versailles et Marly, ainsi que des ermitages à Versailles, Fontainebleau et Compiègne, puis un appartement dans l'hôtel Pontchartrain, qui servait de résidence aux ambassadeurs extraordinaires, elle avait décidé qu'il lui fallait une véritable demeure parisienne. « On se moque de ma folie qui donne du pain à tant de malheureux, écrivait-elle pour se justifier. Mon plaisir n'est pas de contempler l'or de mes coffres mais de le répandre. » Ainsi fut fait en l'hôtel d'Évreux, et il en coûta 730 000 livres supplémentaires à la Couronne. Sous la houlette de l'architecte Jean Cailleteau, dit Lassurance, une armée de peintres, de sculpteurs, d'ébénistes et d'artisans divers furent chargés de remanier la chambre de parade, le salon de musique et surtout le premier étage de l'hôtel, où fut installée une « chambre de bains », tendue de mousseline brodée de roses. Les murs se couvrirent de boiseries précieuses, de peintures de Boucher et Van Loo, d'une tapisserie des Gobelins aux deux L surmontés d'une couronne royale, et les jardins agrandis furent agrémentés de portiques, d'un labyrinthe, de cascades et même d'une grotte dorée, afin d'abriter les jeux de la petite Alexandrine, fille de la duchesse, qui était élevée en princesse au couvent de l'Assomption. Mais la fillette disparut le 15 juin 1754 à l'âge de 9 ans, foudroyée par une péritonite aiguë, un mois après que Morphise eut donné un bâtard au roi. La disparition de sa fille terrassa la Pompadour, qui perdit connaissance et que l'on crut elle aussi perdue. « Madame en fut inconsolable », nous dit Mme du Hausset. Il semble qu'elle ait considéré cette mort brutale comme une sorte de châtiment divin, et qu'elle ait décidé à partir de ce moment de se retirer du monde des plaisirs pour se lancer à corps perdu dans la haute politique.

Elle eut d'ailleurs d'autant moins d'appétence pour sa nouvelle résidence qu'elle s'y sentait indésirable. Les habitants de ce quartier encore populaire n'aimaient pas la richesse arrogante affichée par la duchesse, qui n'avait rien trouvé de mieux que de faire déboiser toute la partie centrale du Grand Cours afin de dégager sa vue vers les Invalides puis d'installer au bout de son jardin un potager qui empêchait la circulation. Cela provoqua des émeutes et il fallut faire protéger les légumes de la Pompadour par les troupes royales. Sur les murs du quartier, on pouvait lire : « Fille d'une sangsue et sangsue elle-même, / Poisson, dans ce palais, d'une arrogance extrême, / Fait afficher partout, sans honte et sans effroi / Les dépouilles du peuple et l'opprobre du Roi. » C'est pourquoi, bien qu'elle l'eût fait aménager à grands frais, la Pompadour ne tarda pas à délaisser l'hôtel d'Évreux.

En février 1756, elle obtint de son royal protecteur d'être nommée « dame du palais », attachée au service de la reine qui n'eut pas son mot à dire. Détestée à la fois par l'Église, qui voyait en elle la protectrice des philosophes, ainsi que par le Parlement de Paris et par les Parisiens, elle n'était pas la bienvenue dans la capitale. Le marquis d'Argenson raconte qu'un jour de 1750 où elle était venue voir au couvent de l'Assomption l'appartement de sa fille, le duc de Gontaut la pressa de retourner au plus vite à Versailles, afin d'échapper à la populace, qui « ne l'avait manquée que d'une rue[6] ». Par la suite, elle n'osa plus voyager que précédée et suivie de cavaliers de la maréchaussée. La vindicte de l'opinion se déchaîna à son encontre après la bataille de Rossbach, en novembre 1757, qui vit son protégé Soubise écrasé par les troupes de Frédéric II de Prusse. « C'était tous les jours des lettres anonymes, pleines des plus grossières injures, des vers sanglants, des menaces de poison, d'assassinat », raconte Mme du Hausset, ajoutant que la duchesse « fut longtemps plongée dans la plus vive douleur, et ne dormant qu'avec des calmants ». Lorsqu'elle séjournait à l'Élysée, c'était pour s'y cloîtrer, malade, « passant des journées au lit à cracher le sang » et ne sortant qu'en « carrosse fermé pour aller prier aux Capucins ». À son frère, elle écrivit à cette époque « qu'excepté le bonheur d'être avec le Roi, le reste n'est qu'un tissu de méchancetés, de platitudes, enfin de toutes les misères dont les pauvres êtres humains sont capables ».

Contrairement à ce que l'on aurait pu penser, le séjour à l'Élysée de la « coquine du roi » n'est donc en rien marqué par l'érotisme, si ce n'est dans les paroles d'une comptine devenue célèbre qu'elle y aurait composée : « Nous n'irons plus aux bois, les lauriers sont coupés… » C'était une allusion poétique aux maisons de passe qui entouraient l'hôtel d'Évreux, traditionnellement signalées par des feuilles de laurier, et dont un décret royal venait d'interdire la fréquentation. Mais la Pompadour de cette époque avait renoncé aux plaisirs de la chair, se contentant d'indiquer au roi à l'occasion telle ou telle jeune beauté susceptible de partager sa couche. Elle fut cependant inquiète en janvier 1762 lorsque l'une d'elles, Anne Couppier, dite Mlle de Romans, donna un fils au roi, qui fut baptisé en l'église de Chaillot sous le nom de Louis-Aimé de Bourbon. Puis ce fut une Mlle Tiercelin, qui plus tard donna elle aussi un bâtard au souverain, mais qui, à l'instar de Mlle de Romans, ne fut jamais présentée à la Cour où la Pompadour continuait à régner.

Il y eut sans doute quelques parties fines à l'hôtel d'Évreux lorsque le frère de la duchesse, Abel-François Poisson, marquis de Marigny et directeur général des bâtiments du roi, en eut la garde. Célibataire invétéré, « élégant, gracieux, de jolie tournure, de belles façons », nous disent les Goncourt, il y reçut ses compagnes d'occasion, et nul doute que ces dernières surent apprécier le raffinement exquis du décor choisi par la Pompadour. En revanche, c'est sous les huées de la foule que, le 22 juin 1763, le convoi acheminant la statue équestre du roi vers la place Louis XV s'arrêta devant la demeure de la duchesse. Quelques jours plus tard, la réception qu'elle y donna en l'honneur de l'inauguration de la statue, avec bal et feu d'artifice dans les jardins illuminés, fut en quelque sorte son chant du cygne. Mais une main anonyme traça sur le piédestal de la statue un distique, qui témoignait de l'impopularité du roi : « Grotesque monument / Infâme piédestal / Les vertus sont à pied / Le vice est à cheval. »

Lorsqu'elle disparut le 15 avril 1764, elle légua la demeure à son souverain bien-aimé, afin qu'il y loge l'un de ses petits-fils, le comte de Provence, futur Louis XVIII. Mais le roi, refusant d'être le légataire de son ancienne favorite, préféra racheter l'hôtel d'Évreux pour la somme de 750 000 livres et en faire la résidence des ambassadeurs extraordinaires venus le visiter. À cette occasion, tout le mobilier installé par la Pompadour dans ses nombreuses demeures y fut rassemblé pour être vendu ; les curieux affluèrent et le roi Frédéric II de Prusse acheta par fourgons entiers les vestiges de la « putain du roi. » Et comme aucun ambassadeur n'était annoncé, on décida d'entasser dans l'hôtel d'Évreux non plus les meubles de la Pompadour mais des objets de la Couronne, telles les armures des Valois, les tapisseries tissées d'après Raphaël ou Dürer, ou la fameuse épée d'Henri IV à pommeau d'argent. Le rez-de-chaussée fut alors converti en lieu d'exposition pour les « personnes curieuses et amateurs de beaux-arts », en quelque sorte le premier musée de France.

Lorsque fut achevé le garde-meuble de la Couronne, à l'emplacement de l'actuel hôtel de la Marine, tous les objets y furent transférés et Louis XV décida de vendre l'hôtel d'Évreux. Le 2 octobre 1773, il devint la propriété du banquier Nicolas Beaujon, pour la modique somme d'un million de livres, soit le double de ce qu'il avait coûté pour y loger la Pompadour. L'érotisme fit alors son retour dans ce palais destiné aux plaisirs.

Du « sanctuaire de Vénus » à l'Élysée-Bourbon

Nicolas Beaujon était en effet un gros travailleur mais aussi un épicurien notoire. Levé à 4 heures du matin, il consacrait sa matinée à faire fructifier son énorme fortune et le reste du temps à la dépenser. C'est ainsi qu'il fit à son tour agrandir et embellir l'hôtel d'Évreux par l'architecte du roi, Étienne-Louis Boullée. Le jardin, devenu un parc, fut totalement redessiné, une rivière y fut creusée, baptisée « Serpentine » du nom d'un ruisseau de Hyde Park, pour se jeter dans un petit lac, entouré de bosquets et de rocailles. Une galerie de peinture fut aménagée, exposant les acquisitions du banquier mécène – tableaux de Rubens, Holbein, Véronèse, Rembrandt ou de Chardin –, exaltant la sensualité de la nature et la nudité des corps. Une serre chaude et une orangerie furent installées, et la bibliothèque fut dotée d'une collection impressionnante de cinq mille volumes. À côté se trouvait l'appartement privé du banquier, décoré de scènes galantes peintes par Greuze ou Boucher, et propice à l'épanouissement des désirs. L'alcôve du lit était surmontée d'une glace, le boudoir garni de sofas accueillants et la salle de bains ornée de petits bouquets, tout pour inciter aux jeux érotiques de ce veuf éploré. Hélas, l'état de santé du banquier ne lui permit guère de goûter aux plaisirs de la chair car, atteint d'hydropisie, il était contraint à un régime sévère et peinait à se déplacer. Mme Vigée-Lebrun, qui vint faire son dernier portrait, en a laissé un récit piquant, le décrivant sur son fauteuil à roulettes, les bras et les jambes si enflés qu'il ne pouvait se servir seul et dînant d'un triste plat d'épinards tandis qu'une table de mets exquis attendait pour une trentaine d'invités, des jeunes femmes essentiellement. Les gazettes faisaient leur miel de cette situation paradoxale : « Avancez… De Vénus voici le sanctuaire…/ Tout peint la volupté, tout incite aux plaisirs, / Quel malheur qu'on ne puisse acheter des désirs ! » À défaut de se livrer à la débauche, le richissime banquier aimait à recevoir de jolies jeunes femmes dans sa chambre à coucher. Elles avaient pour mission de lui raconter des histoires ou de lui fredonner des chansons afin de l'endormir, car il avait le sommeil rebelle. On disait même que son médecin avait fait confectionner pour son obèse patient une sorte de berceau dans lequel il se faisait balancer par deux jeunes femmes dénudées, ses « berceuses », mais le mystère plane sur les moyens utilisés pour le faire dormir. Quelques mois avant de disparaître, en décembre 1786, le banquier moribond réussit une dernière affaire en revendant l'hôtel d'Évreux à Louis XVI, qui trouva ainsi une nouvelle occasion de dilapider les finances du royaume. On approchait de la Révolution, et de la fin d'un monde.

En juillet 1787, l'hôtel d'Évreux fut revendu par le roi à sa cousine Louise-Bathilde d'Orléans, arrière-petite-fille du Régent et qui vivait alors séparée de son mari, le duc de Bourbon. « Petite, brune, bien faite, à la tournure délicate », « des yeux bruns sous leurs paupières langoureuses », si l'on en croit la description qu'elle fit d'elle-même, la duchesse n'était pas dénuée de charmes. Elle avait un fils légitime, né en 1772, le duc d'Enghien, mais aussi une fille cachée, née en

1785 de son idylle avec le chevalier de Roquefeuil, mort au combat quelques mois plus tard. Elle s'installa au palais, rebaptisé hôtel « Élysée-Bourbon », avec la fillette qu'elle faisait passer pour celle de sa secrétaire. Quant au duc d'Enghien, il venait la visiter régulièrement. Elle fit bien sûr décorer les lieux comme il se devait pour une princesse du sang et demanda à l'architecte Pierre-Adrien Pâris de lui aménager une nouvelle chambre, un cabinet des livres ainsi qu'un hameau champêtre au fond du parc, avec une laiterie, un petit moulin et des maisons au toit de chaume sur le modèle du Trianon de Marie-Antoinette.

Férue d'ésotérisme, elle y invita le magnétiseur Mesmer, devenu la coqueluche du Tout-Paris aristocratique, et qui prétendait guérir les malades à l'aide d'un baquet rempli d'eau et de limaille de fer. Puis, lorsque surgit la Révolution, elle s'enthousiasma, à l'instar de son frère, le duc d'Orléans, devenu « Philippe Égalité », et se fit appeler « citoyenne Vérité ». Elle ouvrit toutes grandes les portes de l'Élysée-Bourbon à une ribambelle de soi-disant mystiques qui voulaient refaire le monde, dont le charismatique Louis-Claude de Saint-Martin, un « philosophe du ciel » avec « des manières d'archange », écrit Chateaubriand. Elle fit de lui son maître à penser et sans doute son amant, car il était, écrit-elle, un « foyer de chaleur et d'amour auprès duquel on pouvait s'embraser d'un feu céleste ». Pour la remercier de toutes ses faveurs, il lui écrivit un ouvrage tout simplement intitulé *Ecce Homo*. D'autres illuminés eurent droit à la bienveillance de la richissime duchesse, qui venait d'hériter de son père une immense fortune. Parmi eux, le moine chartreux Dom Gerle, qui se présentait comme le prophète annoncé par Isaïe, accompagné d'une voyante venue du Périgord, Suzette Labrousse, qui s'appliquait de la chaux vive sur le visage afin de se priver de toute beauté, ou Catherine

Théot, dite « la mère de Dieu », qui elle aussi se prétendait visionnaire. Tout ce petit monde vivait aux frais de la duchesse, et leurs disciples accouraient à l'Élysée pour les consulter.

Mais bien que cette généreuse nature eût pris fait et cause pour la Révolution, elle fut néanmoins arrêtée le 7 avril 1793 au motif qu'elle était de la famille des Bourbons, et l'hôtel de l'Élysée lui fut confisqué tandis qu'elle croupissait dans une prison marseillaise, en attendant l'échafaud. Elle fut sauvée par la chute de Robespierre et put rentrer en janvier 1797 à l'Élysée, qui depuis quatre ans avait successivement servi d'imprimerie nationale puis d'hôtel des ventes pour les meubles confisqués aux émigrés, tandis que les jardins étaient ouverts au public. Comme elle n'avait plus les moyens d'entretenir un tel train de vie, elle accepta l'offre de louer le rez-de-chaussée du palais à la famille Hovyn, venue de Courtrai, en Belgique annexée, et qui avait fait fortune en trafiquant les biens du clergé. Il leur en coûta 18 000 livres par an, tandis que la princesse se réservait la grande entrée et l'usage des jardins et reprenait ses appartements du premier étage. Mais il était dit que les plaisirs ne tarderaient pas à investir ces lieux, car les Hovyn, sous l'impulsion de leur fille Liévine, douée pour les affaires, décidèrent d'y installer un établissement de danses et de jeux, comme il en avait surgi des dizaines dans Paris depuis la fin de la Terreur. Pour 8 000 livres supplémentaires par an, la duchesse de Bourbon consentit que les salons du rez-de-chaussée soient donc ouverts à la jeunesse dorée qui viendrait oublier les années noires pour s'étourdir dans les salles de danse ou aux tables de roulette et de trente-et-quarante, en dégustant les créations de Garchy, le glacier à la mode. Le 21 juin 1797, jour de l'inauguration de ce nouvel « établissement de plaisirs », une foule bigarrée de muscadins, parfumés de musc, se pressa aux portes de l'Élysée-Bourbon. Les hommes étaient nommés les « Incroyables », cheveux longs en « oreilles de chien », perruques blondes, collets noirs et culottes de velours, et les femmes les « Merveilleuses », chaussées de cothurnes endiamantés et à peine vêtues de tuniques légères fendues jusqu'en haut de la cuisse et de corsages échancrés. Du jardin s'éleva un aérostat, d'où fut éjecté un malheureux mouton frisé et enrubanné qui redescendit en parachute. Parmi les habitués qui virent pratiquer les danses à la mode, la monaco, la trénitz ou la toute nouvelle « walse » importée d'Allemagne, on remarquait la pulpeuse Mme Tallien et la piquante Joséphine Bonaparte, ex-vicomtesse de Beauharnais, au bras d'un beau lieutenant blond nommé Hippolyte Charles, qui semblait lui faire oublier son général de mari. Quant à la duchesse de Bourbon, elle ne profita pas longtemps de cette animation débridée, car elle fut contrainte de quitter définitivement la France au lendemain du coup d'État mené contre les royalistes le 18 fructidor an V. Le Directoire prétendait en effet que la présence en France des trois derniers représentants de la famille des Bourbons, c'est-à-dire elle-même, le vieux prince de Conti et la duchesse d'Orléans, veuve de Philippe Égalité, représentait un danger pour la nation. C'est pourquoi, le 13 septembre 1797, Louise-Bathilde de Bourbon dut abandonner sa demeure princière, devenue établissement de plaisirs, et prit la route de l'Espagne où elle resta jusqu'en 1814. Mais il semble que le fringant gendarme de vingt ans son cadet chargé de l'escorter jusqu'à la frontière lui ait très vite fait oublier la douleur de l'exil. La duchesse était décidément une grande amoureuse !

Devenus seuls maîtres des lieux, les Hovyn n'eurent de cesse que de rentabiliser leur investissement. À l'hiver 1797, comme la clientèle des muscadins se faisait plus rare, ils installèrent au palais une bibliothèque publique, dont l'abonnement donnait droit à accéder aux salons et aux jardins, à des conférences scientifiques ainsi qu'à une exposition permanente des « œuvres d'art », dont des peintures de Girodet, Demarne ou Fragonard fils, des sculptures de Dumont ou Cartellier, et aussi, chose inédite, des « productions industrielles ». Puis on demanda au célèbre aéronaute Garnerin d'effectuer dans les jardins une ascension en se faisant accompagner pour corser l'attraction d'une jeune fille nommée Céleste. Mais le Directoire interdit la manifestation au motif que le « spectacle de deux personnes d'un sexe différent s'élevant publiquement dans les airs était indécent et immoral ». C'était aller chercher bien haut la pudibonderie, car c'est en bas, dans les salons et les jardins de l'Élysée-Bourbon, que se déployait l'érotisme de l'époque.

Plus d'une idylle s'est en effet nouée sur le plancher des salles de danse entre Incroyables et Merveilleuses, ces dernières payant l'entrée moitié prix. Les plus jolies étaient même admises gratuitement, y compris pour accéder aux bains alimentés par la rivière du parc. Il semble que les bosquets et les grottes aient abrité les ébats de cette jeunesse débridée, quand ce n'était pas quelques professionnelles venues des Champs-Élysées, où la prostitution était monnaie courante. Un panonceau, retrouvé cinquante ans plus tard, nous indique même que des « chambres privées » étaient mises à disposition, avec la possibilité de s'y faire servir au double du prix des consommations. À la mort de son père en décembre 1803, Liévine Hovyn accorda la concession des salons à Gaetano Velloni, glacier renommé, qui rebaptisa l'établissement « Hameau de Chantilly ». Il y embaucha le célèbre violoniste Julien, un mulâtre virtuose de la contredanse, mais aussi les plus accortes couturières ou repasseuses du quartier qui exécutaient, légèrement vêtues, des danses villageoises. L'esprit du Directoire régnait encore.

Néanmoins, depuis le coup d'État du 18 Brumaire et l'avènement du général Bonaparte, l'heure n'était plus aux plaisirs délurés. Pour essayer de renflouer ses caisses, Liévine Hovyn avait installé à l'extérieur du parc, côté avenue de Marigny, des échoppes où l'on vendait de la bière et des frites, puis des commerces dans les anciennes ailes des communs : boucher, rôtisseur, mercier et débit de tabac. Elle partagea le premier et le second étage du corps principal en une quinzaine d'appartements « à louer bourgeoisement », transformant ainsi l'hôtel particulier en un hôtel tout court. S'y installèrent notamment la veuve du maréchal de Richelieu, de cinquante ans sa cadette, ainsi que le comte et la comtesse de Vigny, qui occupèrent trois pièces du premier étage avec leur petit garçon Alfred, future gloire de la poésie. Ce dernier racontera plus tard comment, le 21 mars 1804, son père apprit la triste nouvelle de la mort du duc d'Enghien, fils de la duchesse de Bourbon, exécuté sans jugement dans les fossés du château de Vincennes sur ordre du Premier consul Napoléon Bonaparte. On entrait dans une ère nouvelle, celle de l'Empire.

2

Le temps des Bonaparte, de Caroline à Louis-Napoléon

L'ordre impérial se traduisit d'abord en juin 1805 par l'octroi d'un numéro, le 57, au portail de l'Élysée-Bourbon. L'adresse postale actuelle est le 55 mais le 57 appartient aussi au palais présidentiel, et c'est donc l'une des rares demeures parisiennes qui n'en a pas changé depuis cette époque. Deux mois plus tard, c'est un proche de l'Empereur, son beau-frère, Joachim Murat, maréchal de France et époux de Caroline Bonaparte, qui acheta à Liévine Hovyn l'ancien hôtel d'Évreux. Il semble d'ailleurs que Napoléon lui-même était derrière cette acquisition, ayant donné beaucoup d'argent à Murat car il souhaitait faire de l'Élysée-Bourbon un lieu de fêtes officielles pour l'Empire. C'est d'ailleurs dans ce but que l'architecte Barthélemy Vignon fut instamment prié de réunir la salle à manger et la chapelle du rez-de-chaussée en une grande salle de réception susceptible d'accueillir de nombreux visiteurs. Des meubles du meilleur choix venus de chez Jacob ou Bellangé, des peintures de Poussin ou Bassano vinrent embellir le décor. Et qu'importe s'il fallait abattre un mur de soutien au risque de voir l'hôtel s'écrouler : « Je ne veux pas le savoir, débrouillez-vous... », leur dit Murat, qui en avait vu d'autres.

« Elle était née reine »

En réalité, le maître des lieux ne fut pas tant le maréchal d'Empire, qui suivait Napoléon sur tous les champs de bataille, que son épouse, la princesse Marie-Annonciade Caroline Bonaparte[1]. Âgée de 24 ans à son entrée à l'Élysée-Bourbon, cette brune aux yeux verts avait, disait-on à l'époque, « de jolis bras, de petites mains exquises de forme et de blancheur, une peau éblouissante, de belles dents, des épaules très blanches, mais trop rondes », sa « taille menaçant de devenir un peu forte ». Si l'on en croit les Mémoires de la comtesse de Rémusat, jamais en manque de perfidie, des rumeurs avaient couru lors du mariage de Caroline avec Murat « sur une intimité scandaleuse » qu'on soupçonnait entre Napoléon et sa jeune sœur[2]. « Il y avait chez Caroline de l'étoffe, dira l'Empereur à Sainte-Hélène, beaucoup de caractère et une ambition désordonnée... Elle était née reine. » Et, en effet, cette « Vénus ayant sur les épaules une tête de Machiavel » rêvait de devenir souveraine à l'instar de son frère Joseph, fait roi de Naples en 1808. Le grand-duché de Berg, attribué en mars 1806 à son maréchal d'époux, ne suffisait pas à la combler. C'est pourquoi « elle employait toute son adresse », écrit la comtesse de Rémusat, à flatter les goûts de l'Empereur, son frère, « lui prêtait sa maison, si quelque fantaisie subite la lui rendait nécessaire », et « cherchait à l'amuser par des fêtes, à lui plaire par un étalage de luxe qu'il aimait ». C'est pourquoi elle organisait pour le satisfaire ses grands bals du vendredi, prisés du Tout-Paris. Elle menait la danse, « jolie comme un cœur, toute rose, toute fraîche, d'un éclat de peau qui n'a nul besoin de fard, en robe de crêpe rose brodée en argent et garnie de guirlandes de roses, un diadème d'émeraudes et de diamants dans les cheveux, avec des roses encore au-dessus du peigne », nous dit Frédéric Masson, biographe des Bonaparte[3]. Murat n'y avait pas le premier rôle, car, dans les salons de la haute aristocratie, on se moquait de son accent de Cahors et de ses manières de parvenu. Mais Napoléon y assistait souvent, parfois même déguisé. Caroline, qui détestait Joséphine de Beauharnais, se fit un malin plaisir à jouer les entremetteuses pour procurer à l'Empereur ce que la comtesse de Rémusat appelle « des fantaisies passagères » et pour favoriser « la secrète intrigue » qui s'ensuivait. Il y eut notamment Adèle Duchâtel, que Murat fit semblant de courtiser afin de détourner les soupçons de Joséphine. Puis ce fut au tour d'Éléonore Denuelle de La Plaigne, la lectrice de Caroline, qui eut d'ailleurs aussi des bontés pour Murat, aussi chaud lapin que sa femme était séductrice et intrigante. Lorsque la belle Éléonore fut enceinte de Napoléon, ce fut un jour de gloire pour Caroline car cela prouvait que la stérilité du couple impérial ne venait pas de lui mais de Joséphine, qu'elle appelait « la vieille ». L'enfant, prénommé Charles Léon, naquit le 15 décembre 1806, alors que le couple Murat venait de s'installer à l'Élysée, après une année de travaux et de décorations. Quant à Éléonore, elle fut pourvue d'une confortable rente mais disparut de la vie de l'Empereur.

Installée dans l'aile est du palais, tandis que Murat avait pris ses quartiers au premier étage du corps principal, Caroline avait fait placer sur une estrade un grand lit orné de bronzes représentant le Silence et le Sommeil… et qui reçut de nombreux soupirants. Pour le plaisir, elle prit comme amant le comte Charles de Flahaut, fils naturel de Talleyrand et dont Hortense de

Beauharnais, mariée à Louis Bonaparte, était elle aussi éprise. Après que Murat eut jugé préférable d'éloigner l'amant de sa femme, qui était aussi son aide de camp, ce dernier fit d'ailleurs un enfant à Hortense, le petit Charles Auguste, futur duc de Morny. Quant à Caroline, elle continua de plus belle ses batailles d'alcôve et ses conquêtes sur l'oreiller. C'est ainsi qu'elle mit dans son lit le maréchal Jean-Andoche Junot, gouverneur militaire de Paris, dont elle voulait se faire un allié. Surnommé « la Tempête » par Napoléon, dont il avait été le secrétaire, ce don Juan téméraire était pourtant marié à la piquante Laure, jolie femme de culture et d'esprit, qui était l'amie de Caroline. C'est d'ailleurs en raccompagnant à Paris le couple Junot, à l'issue d'une réception à la Malmaison, une nuit de mars 1807, que la grande-duchesse de Berg décida de planter la flèche de Cupidon en plein cœur du bouillant maréchal. Prétextant un malaise, elle demanda à ce dernier de l'aider à regagner ses appartements, tandis que Laure Junot attendait dans sa calèche devant le perron de l'Élysée. C'est alors que Mme Murat dévoila au maréchal Junot les attraits de son décolleté avantageux, qui mettait en valeur son teint de lait comparé à « un satin blanc glacé de rose ». Et tandis que l'infortunée Laure, lassée d'attendre, regagnait le domicile conjugal, son époux volage se vit offrir mille et une extases dans le lit de Caroline, soudainement rétablie.

Chassés-croisés amoureux

Il y eut bien d'autres nuits pour ce double adultère, et l'on prit l'habitude de voir les valets en livrée du maréchal faire le pied de grue dans la cour du palais de Joachim Murat. Averti par la rumeur publique, ce dernier s'emporta, prêt à venger son honneur, oubliant que lui-même se consolait dans ses appartements de l'Élysée avec une lectrice de sa femme, Mlle Michel. Une autre de ses jeunes conquêtes, la ravissante Virginie Guillebeau, fut, elle, publiquement humiliée par Caroline lors d'un bal masqué donné à l'Élysée. Hortense de Beauharnais y menait un quadrille de vestales dans lequel la jeune fille, incarnant la Folie, fit son entrée en jouant du tambour de basque, moulée dans un maillot orange qui mettait en valeur ses formes parfaites. C'est alors que Caroline entra dans une fureur noire à l'encontre d'Hortense, qu'elle détestait, et exigea que la jolie danseuse soit mise à la porte sur-le-champ. Napoléon, qui était présent, resta muet, refusant de prendre parti entre sa sœur et sa belle-fille. Comme l'écrit encore la comtesse de Rémusat, « il était absolument convaincu de cette idée que l'empire des femmes avait souvent affaibli les rois de France, et avait irrévocablement arrêté dans sa pensée qu'elles ne seraient à sa Cour qu'un ornement ». C'est pourquoi, lorsqu'il rentra de Tilsit en juillet 1807, il mit un terme brutal à l'idylle entre sa sœur et Junot, convoquant ce dernier à Saint-Cloud pour lui passer un savon avant de l'expédier à Bordeaux pour préparer l'invasion du Portugal.

Qu'à cela ne tienne ! Caroline se rabattit alors sur le comte de Metternich, ambassadeur d'Autriche à Paris, et susceptible à ses yeux de servir ses ambitions monarchiques. Elle l'invita à dîner dans son boudoir, et il ne résista pas aux charmes de la belle. « Et dire qu'il faut à mon frère six cent mille hommes pour conquérir l'Autriche ! » aurait-elle murmuré. Encore faut-il préciser que ce même Metternich, manifestement peu épris de sa nouvelle conquête, se retrouva quelques semaines plus tard dans les bras de Laure Junot, qui prenait ainsi sa revanche sur celle qui lui avait pris son mari. Il était décidément bien difficile de s'y retrouver dans les chassés-croisés érotiques de l'entourage impérial, d'autant que Napoléon lui-même y prenait toute sa part. C'est ainsi qu'il devint quelques mois plus tard l'amant de la jeune Guillebeau, à peine sortie du lit de Murat, avant de découvrir que la ravissante était entièrement manipulée par sa mère, qui entendait faire payer les charmes de sa fille au prix fort des faveurs impériales. C'est d'ailleurs pour lui plaire, et pour nuire à Joséphine, que Caroline imagina de mettre l'Élysée à la disposition de son frère afin qu'il puisse y rencontrer à sa guise les conquêtes féminines qu'il aimait à collectionner. Mal lui en prit car Napoléon apprécia tant la demeure qu'il ne tarda pas à se l'approprier.

Le 15 juillet 1808, par le traité de Bayonne, Napoléon nommait Murat roi de Naples, ce qui couronnait les ambitions de Caroline. Mais la condition de cette faveur insigne était que le nouveau monarque napolitain et sa royale épouse cédaient à la Couronne tous leurs biens en France, dont bien sûr l'hôtel de l'Élysée. L'Empereur ayant bien spécifié qu'il prenait possession de la demeure « avec les objets qu'elle referme », les Murat s'épargnèrent la peine d'un déménagement mais durent abandonner à Napoléon les tableaux de Raphaël, du Corrège, de Poussin, la pendule de Ravrio représentant, ironie de l'histoire, le char de la Fidélité conduit par l'Amour, ainsi que le fameux lit de Caroline qui avait vu défiler les instruments de son plaisir et de son ambition. C'est d'ailleurs Napoléon lui-même qui prit possession de cette couche monumentale vouée au désir plus qu'au sommeil, s'installant dans les appartements de sa sœur tandis que Joséphine était logée dans ceux de Murat. L'impératrice s'installa à son tour en compagnie d'Hortense en novembre 1808 tandis que l'Empereur guerroyait en Espagne. Il n'y séjourna qu'à partir de mars 1809, rebaptisant la demeure Élysée-Napoléon, cette nouvelle désignation officielle des lieux étant placée au-dessus du portail pour bien marquer l'ère nouvelle qui s'ouvrait.

« C'est ma maison de santé »

Les jours de Joséphine étaient cependant comptés à l'Élysée. Lorsque Napoléon la força à divorcer le 15 décembre 1809, c'est à elle que revint provisoirement la disposition du palais. Mais le remariage de l'Empereur avec Marie-Louise d'Autriche, le 1er avril 1810, rendit très vite incongrue la présence de l'ex-impératrice dans la capitale. Vivement encouragée à se retirer dans son château de Navarre, près d'Évreux, elle ne fit à l'Élysée que deux courts séjours au cours de l'année 1810, et Napoléon finit par le lui échanger contre le palais de Laeken, en Belgique, où elle ne se rendit d'ailleurs jamais. Après avoir effectué une dernière promenade mélancolique dans le jardin où elle vagabondait avec ses soupirants au temps doré du Directoire, elle prit soin d'emporter vingt-six tableaux de peintres italiens, des vases étrusques et cinq tapis qui lui étaient gracieusement laissés par l'Empereur. Ce dernier revint donc pour la deuxième fois s'installer dans son Élysée-Napoléon le 13 février 1812, avec la nouvelle impératrice et leur fils, le petit roi de Rome, qui n'avait pas un an. Le précieux héritier du trône étant installé au second étage, dans une chambre tapissée de lambris matelassés pour éviter le moindre choc, le palais des plaisirs de Caroline Murat se transforma en gentille pouponnière. « C'est ma maison de santé », disait Napoléon, qui y venait en coup de vent, deux ou trois jours, reprenant son appartement du temps de Joséphine, tandis que Marie-Louise s'installait au premier dans les meubles de sa devancière. Très épris de sa princesse autrichienne, il fit aménager un escalier qui reliait leurs deux chambres. Mais comme bien d'autres souveraines avant elle, l'impératrice souffrit de ne pouvoir s'occuper directement de l'enfant, confié à sa gouvernante Mme de Montesquiou. À l'une de ses dames de compagnie, Marie-Louise déclara : « On me vole mon fils, mon bien cher enfant, je voudrais tant pouvoir le bercer, le promener, le montrer moi-même à l'Empereur. » Ce dernier, entre deux séances de travail solitaire dans le salon des Portraits transformé en bureau, jouait parfois avec l'enfant sur ses genoux. Il reçut à l'Élysée son bâtard, le comte Léon, fils d'Éléonore Denuelle de La Plaigne, alors âgé de six ans, ainsi que les fils de son frère Louis, roi de Hollande, dont le futur Napoléon III. On le voyait aussi se promener dans le parc, bien qu'il le trouvât trop surchargé de « fabriques », rochers, statues, chaumières, pont chinois, temple égyptien, tout ce qui l'éloignait de la ligne droite, son seul credo. Ce qui ne l'empêcha pas d'y entraîner quelques conquêtes éphémères dont il avait le goût. Ce furent les derniers feux de l'érotisme et des plaisirs à l'Élysée-Napoléon.

Lorsque Napoléon abdiqua, le 11 avril 1814, on put penser que l'ancien hôtel d'Évreux allait renouer avec le libertinage de la monarchie restaurée. Mais c'est le tsar Alexandre Ier, l'homme fort de la coalition victorieuse, qui s'installa dans les appartements de Napoléon, après les avoir fait fouiller par deux ingénieurs russes, craignant la présence de bombes. Puis l'on vit resurgir la princesse Louise-Bathilde, revenue d'exil, qui implorait Louis XVIII, installé aux Tuileries par la grâce des alliés, de la laisser reprendre possession de son palais. Mais la princesse n'était plus à cette époque la bouillante jeune femme qui s'était enflammée pour les illuminés de la Révolution. Sexagénaire et ruinée, elle ne demandait qu'à retrouver un havre de paix pour y finir ses jours. C'est pourquoi le souverain se permit de lui échanger l'Élysée… contre l'hôtel Matignon. Étrange prémonition des lieux du pouvoir républicain ! Le décret de transfert signé le 5 mars 1815 resta toutefois lettre morte car cinq jours plus tard, en effet, Napoléon fit son entrée à Paris.

L'Élysée allait-il renaître avec le retour de l'Empire ? Après avoir laissé pendant un mois le palais à son frère Joseph, l'Empereur revint s'y installer. L'heure n'était plus toutefois aux réceptions fastueuses et aux vagabondages amoureux du couple Murat. Napoléon sortait parfois pour montrer aux Parisiens qu'il était redevenu le maître du monde, visitant l'École polytechnique ou passant en revue ses troupes. Mais le ressort du guerrier était brisé, comme le notait Lazare Carnot, son ministre de l'Intérieur : « Je ne le reconnais plus, il flotte, il hésite ; au lieu d'agir, il bavarde. Il demande des conseils à tout le monde. »

À l'aube du 12 juin 1815, il partit néanmoins au combat, pour ce qui devait être sa dernière campagne. La veille, comme tous les dimanches, il avait reçu la famille Bonaparte à l'Élysée, dont la reine Hortense et ses deux fils. Louis-Napoléon, alors âgé de sept ans, avait éclaté en sanglots à la nouvelle du départ de son oncle : « Sire, je ne veux pas que vous alliez à la guerre ! Les méchants Alliés vous tueront… » C'est la dernière fois que Napoléon prit dans ses bras celui qui allait, trente-sept ans plus tard, restaurer sur le trône la dynastie des Bonaparte. Lorsqu'il revint à l'Élysée, au matin du 21 juin 1815, il n'était plus que le vaincu de Waterloo. Il réunit malgré tout un dernier Conseil des ministres, se disant persuadé que tout était encore possible, qu'il était encore « l'idole du peuple et de l'armée » et qu'il suffirait que « la nation se lève » pour que l'ennemi soit « écrasé ». À l'aube du 22 juin, la foule s'amassa faubourg Saint-Honoré pour lui dire son soutien, quelques audacieux pénétrant même dans le parc de l'Élysée pour le voir, l'encourager et lui offrir leurs services. Mais à midi, sous l'insistance de Fouché, de La Fayette et de quelques autres, il accepta de signer dans le salon d'Argent son abdication en faveur de son fils, Napoléon II. Il quitta le palais le 25 juin 1815 pour la Malmaison, par la porte du fond du parc, donnant sur les Champs-Élysées.

Les années qui suivirent furent des années grises pour le palais des plaisirs. Le tsar Alexandre Ier revint s'y installer le 28 juin 1815, comme il l'avait fait au lendemain de la première abdication de Napoléon. Mais c'était un séjour provisoire, destiné à préparer le sort de la France dans la nouvelle Europe de la « Sainte-Alliance » qu'il appelait de ses vœux. Ce projet lui avait été inspiré par la baronne de Krüdener, rencontrée l'année précédente, et qui était devenue son égérie mystique. Cette aristocrate exaltée, disciple des Frères moraves, et dont les visions et prophéties attiraient les foules, était persuadée qu'il incombait à Alexandre d'assumer le rôle de l'« élu de Dieu » pour reconstruire une nouvelle Europe chrétienne régénérée et lavée des atrocités de la Révolution et de l'Empire, dont Napoléon était l'antéchrist[4]. Elle logeait à l'hôtel Montchenu, juste à côté de l'Élysée, une porte privée reliant les deux demeures et permettant chaque soir à Alexandre de participer aux prières et aux réunions dirigées par la baronne. Un soir que le tsar avait invité à dîner avec elle le prince de Metternich, ce dernier s'aperçut qu'une quatrième chaise à table restait vide. « C'est pour notre Seigneur Jésus-Christ », fit la baronne, d'un air très sérieux. Metternich en fut éberlué, lui qui avait connu le palais sous des aspects plus ludiques et charnels, lors de sa liaison avec Caroline Bonaparte. Puis ce fut au tour du duc de Wellington, le vainqueur de Waterloo, de s'installer à l'Élysée en novembre 1815, pour quelques semaines. À son départ en janvier 1816, la Couronne de France rentra en possession du palais, et Louis XVIII l'offrit à son neveu, Charles-Ferdinand, duc de Berry.

Un couple amoureux à l'Élysée

Le duc de Berry avait un passé de libertin qui laissait présager de nouvelles années érotiques au palais. En exil depuis la Révolution, il avait rencontré à Londres en 1804 une jeune beauté écossaise du nom d'Amy Brown, dont il avait eu deux filles, Charlotte, comtesse d'Issoudun, et Louise, comtesse de Vierzon. Il semble même que le père d'Amy, pasteur protestant, ait célébré le mariage des deux tourtereaux en 1806, mais tout cela était resté secret et lorsqu'il était revenu en France, en 1814, Charles-Ferdinand avait gardé ses filles mais s'était séparé d'Amy Brown... qui resta néanmoins sa maîtresse. La haute politique le conduisit à épouser en mai 1816, officiellement cette fois, Marie-Caroline de Bourbon-Sicile, princesse de Naples et de Sicile, petite-fille de l'empereur d'Autriche. Jolie femme de 18 ans, donc de vingt ans sa cadette, elle se trouvait être aussi, par les alliances de sa famille, la cousine germaine de Napoléon, sans partager toutefois les goûts délurés des sœurs de l'Empereur déchu[5].

Elle formait avec le duc, noceur repenti, un couple uni et simple, qui aimait à se promener, bras dessus, bras dessous, du côté des Champs-Élysées. Au cours de l'une de ces promenades, ils furent surpris par la pluie et demandèrent à un jeune bourgeois l'abri de son parapluie. Ignorant à qui il avait affaire, ce dernier y consentit à condition, dit-il, de « donner le bras à la petite dame ». Quelle ne fut pas sa surprise en voyant la garde de l'Élysée présenter les armes à la duchesse, de retour au palais ! Louis XVIII n'ayant pu avoir d'enfant, pas plus que le duc d'Angoulême, frère aîné du duc de Berry, c'est donc à ce dernier que revenait la redoutable tâche de donner un héritier à la Couronne. C'est pourquoi, au soir du mariage, célébré le 17 juin 1816, le roi en personne, suivi d'un cortège princier où figurait l'ancienne maîtresse des lieux, Louise-Bathilde de Bourbon, conduisit les deux époux à la chambre de parade qui avait été celle de Mme de Pompadour et les mit au lit, suivant un cérémonial hérité de Louis XIV. Les jeunes mariés, en toilette de nuit, se glissèrent donc dans leur couche nuptiale pour y entendre les compliments des princes et dignitaires de la Cour, avant que Louis XVIII n'ordonnât de fermer les rideaux tombant du baldaquin. Le reste ne nous regarde pas, mais appartient néanmoins à la grande histoire.

En effet, il ne fallut pas attendre beaucoup plus d'un an avant que ne se produise l'événement tant attendu par la famille royale. Dans la nuit du 12 au 13 juillet 1817, on vit arriver dans la cour de l'Élysée le carrosse de Louis XVIII, qui en descendit non sans peine dans son fauteuil d'infirme. L'accouchement, confié aux soins du docteur Deneux, auteur d'un mémoire savant sur *Les Bouts de sein et les mamelons artificiels*, fut cependant difficile et il fallut arracher l'enfant avec des fers. Convié avant les parents à constater le sexe du nouveau-né, le roi eut de la peine à dissimuler sa déception car c'était malheureusement une fille. « Eh bien, sire, lui lança Marie-Caroline du fond de son lit de douleur, le prince dans un an ! » Mais la douleur se transforma en chagrin trois jours plus tard, car le bébé succomba à une affection qui offrait, selon les médecins, « tous les caractères d'une asphyxie ». Si l'on rappelle que la chambre du nourrisson était encombrée de courtisans qui se pressaient pour voir « Mademoiselle », et que l'on y avait disposé cinq ou six lits tout juste sortis du garde-meuble et grouillant de vers, on ne s'étonne pas du sort tragique de la petite princesse.

La tragédie frappa une nouvelle fois Marie-Caroline le 13 septembre 1818 quand elle mit au monde un garçon mort-né. Cette fois, le roi et les princes n'avaient pas eu le temps d'accourir, mais on ne tarda pas à accuser Deneux d'avoir fait une erreur en saignant la princesse en cours d'accouchement. Le duc de Berry donna une autre raison au drame, en s'accusant lui-même d'avoir « fait une chose qui n'était pas de saison, sur un canapé, en habit de cour, en revenant d'une réception ». C'était une manière bien peu élégante de disculper le docteur, mais cela montrait au moins que la vie amoureuse du couple allait bon train. On en eut d'ailleurs la preuve lorsque Marie-Caroline mit au monde une nouvelle princesse, cette fois en bonne santé, le 21 septembre 1819, puis lorsqu'elle fut de nouveau enceinte quelques mois plus tard. Tout sourires, le duc de Berry annonça la nouvelle lors d'une soirée qu'il donna à l'Élysée le 29 janvier 1820, mais la duchesse fut privée de valse, à son grand dam si l'on en croit les témoins. Plus de danses, plus de réceptions, plus de sorties en voiture et même plus d'escaliers : tel est le calvaire qui fut infligé à la jeune femme et qu'elle se résigna à endurer en boudant. Le 13 février, elle proposa elle-même de ne pas sortir, se rappelant que par deux fois cette date leur avait porté malchance. Mais le jeune couple se laissa finalement tenter par le spectacle qui était donné à l'Opéra ce soir-là, et la malédiction du 13 frappa à nouveau !

C'est pendant l'entracte, vers 22 heures, alors qu'il venait de raccompagner Marie-Caroline, souffrante, à sa voiture, que le duc fut frappé par un homme apparu « comme une flèche » à la sortie de l'Opéra. Il crut tout d'abord avoir reçu un coup de poing, mais en touchant sa poitrine, il se serait écrié : « Ah ! C'est un poignard, je suis mort ! » Aussitôt transporté dans une salle de l'Opéra, le duc expira vers 6 heures du matin, après avoir encore demandé, à la dernière minute, la grâce pour son assassin, un ouvrier sellier nommé Louis-Pierre Louvel. Ce dernier, bonapartiste fanatique, avait frappé le duc de Berry pour, disait-il, « anéantir en lui la race des Bourbons ». Il fut guillotiné le 7 juin 1820 en place de Grève, contrairement aux volontés de sa victime. Et son coup fut manqué car, le 29 septembre suivant, Marie-Caroline mit au monde le fils posthume du duc de Berry, Henri d'Artois, duc de Bordeaux, qui allait devenir prétendant au trône de France sous le nom de Henri V. Mais celui que les royalistes appelèrent aussitôt « l'enfant du miracle » ne vit pas le jour à l'Élysée, que sa mère, dévastée, avait quitté deux jours après le drame, pour ne plus y revenir.

Les différents appartements du palais furent occupés dans les années qui suivirent par les membres de la maison de la princesse, mais l'atmosphère n'était plus à la fête et aux plaisirs, comme on peut s'en douter. La seule fantaisie que s'y autorisait l'un des occupants, l'évêque d'Amiens, ex-aumônier de Marie-Caroline et ancien général entré dans les ordres après la mort de sa femme, était de se faire annoncer ainsi : « L'évêque d'Amiens et ses fils. » En même temps, l'Élysée servait de résidence à des hôtes de passage, notamment au bey de Tunis en 1827 puis en mars 1830 au roi et à la reine de Naples, parents de Marie-Caroline, pour lesquels le roi Charles X donna l'une de ses dernières grandes réceptions. Quelques mois plus tard, à la suite des Trois Glorieuses, c'est le nouveau roi des Français Louis-Philippe qui prit possession du palais où il était venu, enfant, rendre visite à sa tante Louise-Bathilde de Bourbon. Il décida de le léguer à son épouse, la reine Marie-Amélie au cas où elle lui survivrait et, en attendant, de le destiner aux visiteurs étrangers, comme c'était devenu l'usage depuis 1820. Et c'est ainsi que, jusqu'à la fin de la monarchie de Juillet, l'Élysée accueillit bon nombre de têtes couronnées d'Europe, tels le prince Albert de Saxe-Cobourg, futur époux de la reine Victoria, le roi Guillaume Ier de Wurtemberg, le grand-duc Charles-Frédéric de Saxe-Weimar, Ibrahim Pacha, fils et général en chef du vice-roi d'Égypte, Ahmed Ier, bey de Tunis, et enfin, en 1847, Marie-Christine de Bourbon-Sicile, reine d'Espagne déchue et nièce de Louis-Philippe.

Lorsque fut proclamée la Seconde République, en février 1848, le palais prit le nom d'« Élysée-National ». On ouvrit au public les jardins où furent organisés des feux d'artifice, des fêtes foraines et des représentations musicales, dont l'acmé fut en septembre un concert de quinze cents exécutants au profit de la Caisse des artistes musiciens. Dans les salons fut donné en avril un grand bal de charité sous la présidence de Mme de Lamartine, l'égérie du régime naissant. On y installa la « commission des offrandes nationales » où siégeaient notamment le prêtre républicain Félicité de Lamennais et le populaire chansonnier Béranger. Puis l'Assemblée nationale décida d'attribuer l'« Élysée-National » au président de la République, qui venait d'être triomphalement élu le 10 décembre 1848. Il s'agissait surtout de ne pas lui assigner comme résidence le palais des Tuileries, symbole de la monarchie renversée. Et c'est ainsi que Louis-Napoléon Bonaparte, élu avec les trois quarts des suffrages, fit son entrée le 20 décembre 1848 dans ce palais où il avait connu la gloire et la déchéance de son oncle. Ce dont on ne se doutait pas à ce moment-là, c'est que le prince-président n'attendrait pas l'expiration de son mandat de quatre ans pour troquer sa résidence élyséenne pour le palais des rois de France. Et ce que le grand public ignorait par ailleurs, c'est qu'entre-temps l'Élysée allait redevenir le palais des plaisirs.

« La plus belle femme d'Angleterre »

Louis-Napoléon aimait les femmes[6]. On peut même dire qu'il en raffolait, au point de les vouloir toutes, « comme on jouit d'un bon cigare après le dîner ». Est-ce le sang des Beauharnais qui coulait dans ses veines ? Celui de sa grand-mère Joséphine, dont la fidélité ne fut pas la vertu cardinale ? Celui de sa mère, la reine Hortense, mal mariée à Louis Bonaparte, frère cadet de Napoléon, et qui tomba amoureuse du général Charles de Flahaut, dont elle eut un enfant illégitime, le futur duc de Morny ? Après la naissance de Louis-Napoléon, bien des rumeurs avaient couru sur la paternité du jeune Bonaparte, qui ressemblait bien peu à son père, et dont la douceur, le flegme, le caractère taciturne et secret étaient bien loin des emportements des Bonaparte. « Hortense, si bonne, si généreuse, si dévouée, n'est pas sans avoir quelques torts avec son mari, j'en dois convenir, disait Napoléon, en dehors de toute l'affection que je lui porte et du véritable attachement que je sais qu'elle a pour moi. » Et de fait il semble que le neveu de l'Empereur ait hérité du tempérament amoureux de sa mère.

Lors de ses années d'exil à Londres, le prestige du nom des Bonaparte, tout autant que le charme de ses yeux clairs, lui avait valu une réputation de dandy ténébreux, dont les aventures amoureuses faisaient les délices du *Times* ou du *Morning Post*. Parmi ses nombreuses conquêtes figuraient comme il se doit des danseuses, dont la célèbre Marie Taglioni, gracieuse sylphide d'origines suédoise et italienne, et qui fut considérée comme la première ballerine romantique.

On lui prêta aussi des liaisons avec plusieurs actrices françaises venues se produire à Londres, telles Virginie Déjazet, « la reine du vaudeville », qui lança en 1859 un théâtre à son nom, Eugénie Doche, créatrice du rôle de Marguerite Gautier dans *La Dame aux camélias*, Augustine Brohan, coqueluche du public londonien, et surtout la grande tragédienne Rachel, interprète de Phèdre au St. James Theater et qu'il partagea sans le savoir avec son cousin Napoléon-Jérôme. Il entretint aussi une relation plus sérieuse avec la jeune Emily Rowles, dont le père Henry, riche entrepreneur du Middlesex, allait se suicider quelques années plus tard, à la suite de mauvais placements. La jeune femme, à laquelle Louis-Napoléon aurait promis le mariage et offert des fourrures ayant appartenu à l'impératrice Joséphine, lui resta très attachée après son départ d'Angleterre, au point qu'elle continua à lui donner de l'argent pour la réussite de ses projets politiques. Mais elle fut éclipsée aux yeux de ce grand séducteur presque quadragénaire par celle qui fut l'un des grands amours de sa vie : Miss Harriet Howard.

Avant Harriet, l'amour n'était que sensuelles passades ; avec elle, ce fut une passion. Il est vrai que cette jeune femme de 23 ans, de son vrai nom Elizabeth Ann Haryett, était d'une exceptionnelle beauté, « une tête de camée sur un corps grec », disait-on à l'époque. Fille d'un cordonnier-bottier de Bristol, elle s'était enfuie très jeune à Londres en compagnie d'un jockey réputé, Jim Mason. Ses talents d'actrice ayant vite tourné court, elle s'était rapidement orientée vers une carrière plus horizontale, comme nombre de ses congénères. Devenue Miss Howard sur les planches, elle s'était liée à 18 ans avec un homme riche et marié, le major Montjoy Martyn, du prestigieux régiment des Life Guards, qui lui avait fait un fils, Martin. Pour la récompenser d'avoir consenti à présenter l'enfant comme celui de ses propres parents, le major reconnaissant lui versait une pension confortable, qu'elle faisait fructifier par des placements judicieux. Lorsqu'elle rencontra Louis-Napoléon, sans doute un soir de 1846 lors d'une réception chez Lady Blessington, cette jeune beauté fortunée fut instantanément séduite par ce prince aux manières raffinées qui n'avait rien d'un Apollon mais qui portait le nom prestigieux des Bonaparte. Elle résolut de lui offrir son cœur… et sa fortune.

Lorsque Louis-Napoléon s'installa à l'Élysée, plus de deux ans plus tard, Miss Howard était donc sa compagne officielle, et il lui devait beaucoup, car elle avait largement contribué à son train de vie à Londres puis aux campagnes électorales qu'il avait menées en France à partir de son retour en février 1848. Très amoureuse, elle avait même toléré que son fils Martin soit élevé en France en compagnie des deux fils que Louis-Napoléon, décidément incorrigible, avait conçus lors de sa captivité au fort de Ham, avec la jeune femme qui s'occupait de son linge, Éléonore Vergeot. Cette dernière étant devenue ensuite la maîtresse de Pierre Bure, le frère de lait de Louis-Napoléon, c'est lui qui s'était chargé de l'éducation des deux fils illégitimes, Eugène, né en 1843 et Alexandre en 1845, avant d'épouser Éléonore en 1858. Comme il n'était pas question qu'une Anglaise puisse tenir le rôle de « première dame » au palais présidentiel, Miss Howard s'installa non loin de là, au 14, rue du Cirque, dans un hôtel particulier dont les communs donnaient sur l'avenue de Marigny.

Ayant besoin d'une maîtresse de maison pour le conseiller sur les questions de protocoles ou de réceptions, Louis-Napoléon fit appel à sa cousine Mathilde Bonaparte, dite « la princesse Mathilde », fille du roi Jérôme et de Catherine de Wurtemberg. Lorsqu'elle avait 15 ans et lui 27, on les avait fiancés pour des raisons dynastiques, et Jérôme avait même acheté à crédit pour le futur jeune couple le château de Gottlieben, non loin d'Arenenberg où Louis-Napoléon avait été élevé. Mais le projet d'union entre les deux cousins avait échoué car le grand-père d'Hortense, le roi de Wurtemberg, s'y était opposé. Mariée à Florence en 1840 avec le richissime comte russe Anatole Devidov, prince de San Donato, elle s'était séparée de cet époux violent et volage dont elle avait obtenu une confortable pension de 200 000 francs par an. C'est ce qui lui permettait de louer un hôtel particulier au 10, rue de Courcelles, non loin de son amant le comte Émilien de Nieuwerkerke, surnommé « le beau Batave », où elle tenait salon, recevant aussi bien l'orléaniste Adolphe Thiers que le bonapartiste général-comte de Castellane. Lorsque Louis-Napoléon était arrivé en France, elle avait pris fait et cause pour lui, jusqu'à engager ses bijoux pour contribuer au financement de sa campagne. C'est donc avec enthousiasme et efficacité qu'elle avait accepté de devenir pour lui l'hôtesse de l'Élysée.

Jalousie de femme ou respect scrupuleux de la bienséance ? La princesse Mathilde interdisait formellement à Miss Howard de paraître lors des réceptions à l'Élysée. En revanche, Louis-Napoléon venait souvent passer la soirée chez elle, à quelques pas de là, rue du Cirque, où elle recevait les familiers du prince, tels Fleury, Vaudrey ou Mocquard. Une fois les invités partis, il restait jusqu'au petit matin avant de rejoindre le palais présidentiel. « Quand m'autoriserez-vous à traverser la rue ? », demandait-elle, certaine de n'être pas entendue. Mais le prince-président aimait à s'afficher en public avec sa compagne, dont la splendeur était alors à son apogée. L'après-midi, on les croisait au bois en calèche découverte puis lorsqu'ils montaient à cheval, trottinant côte à côte avant de s'arrêter au pavillon du Bois pour déguster le meilleur grog de

Paris. La rumeur publique disait qu'il avait « ramené la plus belle femme et le plus beau cheval d'Angleterre ». Le soir venu, ils se séparaient à l'entrée de l'Élysée… pour mieux se retrouver quelques heures plus tard au théâtre ou à l'Opéra. Les parures de diamants qui ornaient son cou délicat suscitaient des murmures désapprobateurs à l'encontre de cette favorite à la mode d'Ancien Régime. En réalité, c'est elle-même qui s'était offert ses bijoux et ses parures d'hermine, et c'est plutôt Louis-Napoléon qui se comportait comme un prince consort.

Mais elle était si éprise de son grand homme qu'elle lui passait tout, y compris les nombreuses maîtresses qui défilaient à un rythme toujours soutenu au premier étage de l'Élysée, dans l'ancien appartement de Murat où il s'était installé. Pour la plupart issues du demi-monde des théâtres, la plupart n'étaient que des aventures de quelques heures ou de quelques jours. D'autres s'étaient plus installées dans la vie érotique du prince-président, à l'instar de Mlle Rachel, devenue une habituée du rôle de courtisane officielle. Le poète Arsène Houssaye, qui lui devait d'avoir été nommé par Louis-Napoléon administrateur de la Comédie-Française, racontait en ces termes sa visite à l'Élysée : « On me fit entrer dans un premier salon, puis dans un second, puis dans un troisième, où je vis venir à moi, souriante, Mlle Rachel. Il semblait qu'elle fût chez elle. Elle était d'ailleurs, depuis quelque temps, la maîtresse de maison… » Une autre comédienne de renom, Alice Ozy, qui avait fait scandale en 1846 en exhibant pour la première fois sur scène un maillot couleur chair, était elle aussi familière des lieux, au grand dam de Victor Hugo, qui n'avait pas réussi à en faire sa maîtresse. Le peintre Théodore Chassériau eut plus de chance, qui la prit pour amante et pour modèle de sa *Baigneuse endormie*, dévoilant au monde la plastique parfaite dont le prince-président avait fait son miel.

« Mon cher, je suis pris »

C'est en lisant le journal dans le port du Havre que Miss Howard, un triste jour de janvier 1853, apprit la nouvelle du mariage de son amant avec Eugénie de Teba, princesse de Montijo[7]. Elle attendait son bateau en partance pour Londres où elle accompagnait Mocquard, le chef de cabinet de l'empereur, pour une soi-disant mission officielle. En réalité, on l'avait prudemment éloignée de Paris pendant que les sbires de la police fouillaient son appartement afin d'en enlever toutes les lettres que Louis-Napoléon lui avait écrites. Ce fut un véritable coup de massue pour celle qui avait enduré pour lui tant de sacrifices, supporté ses innombrables maîtresses et financé aussi bien ses campagnes électorales de 1848 que son coup d'État du 2 décembre 1851. « Sire, je vais partir, lui écrivit-elle. Je me serais aisément sacrifiée à une nécessité politique, mais je ne puis vous pardonner de m'immoler à un caprice. » Et en effet, ce qui sans doute fit le plus de mal à la belle Anglaise ne fut pas de voir son amant, devenu l'empereur Napoléon III, prendre femme pour prolonger la dynastie. Depuis la restauration officielle de l'Empire, le 2 décembre 1852, ce mariage était devenu une urgence politique, que l'entourage du prince-président préparait depuis plusieurs années. On avait d'abord songé à Caroline Wasa, petite-fille du roi de Suède, puis à Adélaïde de Hohenlohe-Langenburg, nièce de la reine Victoria, mais dont le père s'était vigoureusement opposé au projet, compte tenu des mœurs de Louis-Napoléon. Qu'il finisse par épouser pour la forme quelque oie blanche couronnée était dans l'ordre des choses. Mais ce que Miss Howard ne pouvait supporter, c'était que l'homme de sa vie soit réellement tombé amoureux de sa future épouse, comme il l'avait avoué à son ami le comte Walewski : « Mon cher, je suis pris. »

Le secret de la future impératrice, c'est qu'elle avait su se faire désirer. En effet, c'est en 1849, que cette belle jeune femme aux cheveux d'un blond-roux et aux yeux clairs avait été présentée à Louis-Napoléon lors d'une réception à l'Élysée. Seconde fille de don Cipriano de Guzman, comte de Teba et prince de Montijo, d'une haute lignée ibérique, c'était un « beau parti » que sa mère promenait à travers les cours d'Europe afin de lui trouver un mari à sa mesure. Le comte de Teba ayant servi dans les armées de Napoléon Ier, sa veuve comptait bien en retirer quelque faveur du prince-président. Elle ne se doutait sans doute pas que ce dernier les convierait quelques jours plus tard, elle et sa fille, à un dîner très privé au château de Saint-Cloud, où Louis-Napoléon les reçut en tête à tête, accompagné du seul Bacciochi. Eugénie ayant refusé de prendre le bras du prince-président pour « faire un tour dans le parc », estimant que cet honneur revenait à sa mère, le séducteur de l'Élysée comprit qu'il lui faudrait être patient avant de conquérir la belle Andalouse. Dans les années qui suivirent, les invitations se multiplièrent, accompagnées de fleurs et de cadeaux, à Saint-Cloud, à Compiègne ou à Fontainebleau.

On apprit à connaître « la jeune et belle comtesse de Montijo », « gracieuse, souriante, libre », selon la description d'Alexandre Dumas fils. Mais certains la considéraient comme une intrigante, aguicheuse, à l'instar du prince Napoléon, cousin de l'empereur, qui aimait à fredonner ce couplet : « Montijo, plus belle que sage / De l'empereur comble les vœux, / Ce soir, s'il trouve un pucelage, / C'est que la belle en avait deux. » D'ailleurs, ce qui précipita le mariage fut un événement survenu lors d'une soirée aux Tuileries, le 12 janvier 1853, lorsque Eugénie et sa mère, qui s'étaient assises sur des banquettes réservées aux femmes des ministres, furent priées par celles-ci de laisser leurs places. Mme Fortoul, mariée au ministre de l'Instruction et des Cultes, alla même jusqu'à traiter la jeune comtesse d'« aventurière ». Mortifiée, cette dernière déclara à l'empereur qu'elle et sa mère se préparaient à quitter Paris dès le lendemain et qu'il n'entendrait « plus jamais parler de nous ». Deux jours plus tard, Napoléon III demandait à son chef de cabinet Mocquard de porter à la comtesse une demande de mariage officielle. Le 22 janvier, il installait à l'Élysée Eugénie et sa mère et convoquait les corps constitués aux Tuileries pour leur annoncer la nouvelle. En conclusion de son discours, il déclara : « J'ai préféré une femme que j'aime et que je respecte à une femme inconnue dont l'alliance eût des avantages mêlés de sacrifice. » C'était donc, pour celui qui se présentait fièrement comme un « parvenu » à la face de la vieille Europe monarchique, un mariage d'amour.

Était-ce pour autant la fin des aventures érotiques de Napoléon III ? Bien naïf qui aurait pu le croire, tant il était friand de ce qu'il appelait ses « petites distractions ». Il semble que Miss Howard elle-même ait eu à nouveau les honneurs de la couche impériale au bout de quelques mois. Après le mariage avec Eugénie, elle avait d'ailleurs été traitée avec beaucoup d'égards par l'empereur, qui lui avait fait rembourser avec intérêt les sommes investies pour ses campagnes électorales et l'avait dotée du titre de comtesse de Beauregard, du nom du château qu'elle possédait à La Celle-Saint-Cloud. « Je la quitte, je m'acquitte, partant quitte », disait-il. En fait, leur liaison reprit pendant plusieurs années, par intermittence, et Miss Howard agrandit son domaine de Beauregard, faisant même reconstruire son château en 1855 grâce à la complaisance de son impérial protecteur. Mais elle n'était pas la seule, loin de là, à être honorée par Napoléon III. Ses habitudes de séducteur compulsif ne semblent pas s'être effacées après son mariage, si heureux fût-il. Les mauvaises langues, dont la princesse Mathilde, colportaient la rumeur selon laquelle la frénésie amoureuse de l'empereur était une compensation à la froideur de son épouse, que l'on décrivait bigote et guindée. Rien ne le prouve, mais il est sûr que le donjuanisme de Napoléon, son goût immodéré pour celles que la Cour appelait « les petites impératrices », fit couler beaucoup d'encre et propager bien des rumeurs.

« La perle d'Italie »

La plus commentée de ces liaisons impériales fut celle qu'il entretint à partir de juin 1856 avec Virginia Oldoini, surnommée la Castiglione[8]. Cette toute jeune beauté originaire de Florence, et surnommée « la Perle d'Italie », avait déjà à ses pieds toute l'aristocratie italienne. En 1854, à l'âge de 17 ans, on l'avait mariée au comte de Castiglione, et elle n'avait pas tardé à lui faire un enfant, né en mars 1855, mais aussi à le tromper avec deux frères, officiers à la cour de Turin. Lorsque le couple s'installa à Paris, quelques mois plus tard, elle fit aussitôt chavirer les cœurs. « Il est impossible de voir une plus séduisante créature, plus parfaitement belle ! », écrivait le comte de Viel-Castel, un familier de la cour impériale qui louait par ailleurs la conversation « leste et graveleuse » de cette jeune femme qui n'avait pas froid aux yeux. En réalité, elle était quasiment en mission pour le compte du roi de Piémont-Sardaigne, Victor-Emmanuel II, dont on dit qu'elle était la maîtresse, et qui voulait se concilier les faveurs de Napoléon III afin de libérer l'Italie de la domination autrichienne. « J'ai stimulé le patriotisme de la bellissime Castiglione afin qu'elle séduise l'empereur », écrivait le comte de Cavour, chef du gouvernement piémontais et lointain parent de la jeune femme. Et c'est ainsi que la Castiglione fut présentée à Napoléon III lors d'une réception chez la princesse Mathilde, avant de faire une entrée fracassante lors d'un grand bal organisé aux Tuileries le 29 janvier 1856. « Elle est Vénus, descendue de l'Olympe ! Jamais je n'ai vu une beauté pareille, jamais je n'en verrai plus comme celle-là ! », écrit ce jour-là la princesse de Metternich. Et l'empereur fut subjugué lui aussi.

Il attendit néanmoins six mois, jusqu'au baptême du prince impérial à Notre-Dame, avant de se lancer à la conquête de Virginia. L'assaut fut donné le 27 juin 1856 lors d'une fête de nuit organisée en l'honneur de la grande-duchesse Stéphanie de Bade, cousine de l'empereur, au château de Villeneuve-l'Étang. La belle Italienne fut conviée par Napoléon III à une promenade privée sur le lac du domaine et à une « visite » de l'île qui en occupait le centre. À leur retour, la robe de la Castiglione parut à Viel-Castel passablement « chiffonnée », tandis qu'Eugénie, restée à quai, écumait de rage. « La pauvre impératrice, qui faisait peine à voir, s'est mise à danser pour apaiser ses nerfs surexcités. Comme elle est encore très faible, elle a fait une chute et s'est évanouie », raconte l'ambassadeur d'Angleterre, qui était présent. Il s'ensuivit une explication orageuse entre les deux époux, Napoléon III promettant à Eugénie qu'il ne s'était rien passé, que la conversation était purement diplomatique et qu'il serait à l'avenir plus discret. Mais comment résister à la volcanique Virginia ? Oubliant ses promesses à l'impératrice, il se lança aussitôt dans une liaison passionnée et charnelle avec l'ambassadrice très exceptionnelle du Piémont-Sardaigne. Quant au mari trompé, il rentra seul en Italie, où il dut vendre toutes ses possessions afin de payer les dettes contractées par sa dispendieuse épouse.

Durant l'hiver 1856-1857, la passion amoureuse de l'empereur pour la Castiglione fut à son paroxysme. Elle fut notamment invitée fin octobre 1856 au château de Compiègne pour l'une de ces « séries » élégantes où se retrouvait autour de Napoléon III l'élite politique et culturelle de l'Empire. La belle ayant été prise d'un malaise pendant une représentation de la Comédie-Française au théâtre du château, chacun remarqua avec quel empressement le souverain quitta sa loge pour prendre des nouvelles de sa nouvelle égérie. Quelques jours plus tard, elle se fractura les os du poignet lors d'une promenade dans les ruines du château de Pierrefonds et ce fut à nouveau l'occasion pour l'amoureux éploré de prouver sa sollicitude au chevet de la belle. À Paris aussi, elle était une reine de la fête impériale, immortalisée dans les parures les plus somptueuses par le grand photographe Pierre-Louis Pierson. Elle triompha le 17 février 1857 au bal du ministère des Affaires étrangères dans une robe Louis XV, « le costume le plus fantaisiste et le plus hardi qui puisse être imaginé » dirent les contemporains, sans corset, révélant à chacun sa délicieuse poitrine. À la vue du cœur central cousu sur sa robe juste au-dessus du haut des cuisses, Eugénie aurait lancé : « Le cœur est un peu bas. »

Ensorcelé par la belle Italienne, Napoléon III venait souvent la retrouver dans une petite maison discrète, rue de la Pompe, où le conduisait son fidèle cocher. Mais elle n'était pas aimée par la cour impériale, qui la considérait comme une parvenue narcissique et prétentieuse, d'autant qu'elle avait la mauvaise habitude de se vanter publiquement des cadeaux qui lui étaient offerts par l'empereur sur les fonds secrets de la Couronne. « Jamais bel oiseau voltigeant de branche en branche ne m'a paru plus gracieux, ni plus dénué de motifs dans ses jugements », écrivait d'elle Adolphe Thiers, autre grand amateur de jolies femmes. Il ajoutait : « Elle est fort belle en vérité et je ne vois pas que le caprice ait jamais revêtu une plus charmante forme humaine. Dieu veuille venir en aide à ceux qui s'attachent à lui plaire. » Mais un événement imprévu mit un terme prématuré à cette liaison embarrassante. Une nuit d'avril 1857, au moment où il sortait de l'hôtel particulier que la Castiglione occupait avec son mari, avenue Montaigne, Napoléon III fut attaqué par trois patriotes italiens, qui lui reprochaient de ne pas les aider contre l'Autriche. Il ne dut son salut qu'à la réaction de son cocher, qui lança ses chevaux contre les assaillants. On demanda aux journaux de se taire, mais la rumeur de cet attentat manqué fit le tour des salons, et certains soupçonnèrent la Castiglione d'être de mèche avec les coupables. Afin d'éviter tout scandale, le ministre de l'Intérieur demanda à la comtesse d'aller se faire oublier à Londres, et l'empereur ne s'y opposa pas.

« Les petites impératrices »

La Castiglione revint en grâce quelque temps après, étant à nouveau invitée à l'automne 1857 aux « séries » de Compiègne où Napoléon III lui fit bon accueil. Mais il avait déjà le cœur et les sens pris par une nouvelle favorite : la comtesse Marie-Anne Walewska, mariée depuis 1846 au comte Walewski, ministre des Affaires étrangères et fils naturel de Napoléon Ier. Comme la Castiglione, dont elle était l'amie, elle était née à Florence et, comme sa cadette, elle était « douée d'un charme et d'une séduction irrésistible », si l'on en croit les témoignages de l'époque. Plus critique, Viel-Castel voyait en elle « une véritable petite rouée qui a su, tout en couchant avec l'Empereur, se faire l'amie de l'impératrice ». Comme sa liaison avec le souverain commençait à faire jaser, la Walewska serait venue trouver cette dernière en janvier 1858 et lui aurait tenu ce langage : « Je me vois forcée de demander à Votre Altesse de ne plus m'inviter à ses soirées particulières, car dans le monde on m'accuse d'être la maîtresse de l'empereur et je ne veux pas que cette calomnie me nuise dans l'esprit de Votre Altesse. » Très émue, Eugénie l'aurait alors embrassée et serait même devenue plus proche d'elle. Il n'empêche que son idylle avec Napoléon III dura sans doute jusqu'à l'automne 1861, quand elle passa « au rang des sultanes réformées », selon l'expression de Viel-Castel[9]. Elle fut ensuite nommée dame d'honneur d'Eugénie avec une pension de 20 000 francs. L'empereur savait se montrer généreux envers celles qui avaient su satisfaire ses désirs. Il en fut de même avec celle qui succéda à la comtesse et qui pourtant était une roturière : Marguerite Bellanger.

Avec elle, Napoléon III renouait avec son goût pour les comédiennes, qu'il avait beaucoup fréquentées à Londres ou même en tant que prince-président. Née Julie Lebœuf près de Saumur, d'abord placée comme blanchisseuse puis danseuse acrobatique et écuyère dans un cirque de province, la belle était devenue Marguerite sur les planches des théâtres parisiens, puis ses talents l'avaient propulsée dans les alcôves du grand monde, où elle était très appréciée. Napoléon III l'aurait rencontrée au cours d'une promenade en voiture dans le parc de Saint-Cloud par un après-midi orageux de juin 1863 et lui aurait galamment lancé pour la protéger de la pluie un plaid que, le lendemain, elle était venue lui rendre aux Tuileries. Une autre version disait qu'elle lui avait été présentée à Fontainebleau lors d'une partie de chasse, où elle avait excellé, menant hardiment son cheval sur l'obstacle. Toujours est-il qu'il en fit sa favorite, l'emmenant partout dans ses déplacements, au grand dam de l'impératrice. Alors qu'il se promenait avec cette dernière dans les rues de Vichy en juillet 1863, il tomba sur le chien de Marguerite qui lui fit fête. Humiliée, Eugénie rentra précipitamment à Paris.

Il installa néanmoins la courtisane dans un hôtel particulier de l'avenue de Friedland, où il venait régulièrement la visiter, puis lui offrit deux maisons, l'une à Passy et l'autre à Saint-Cloud, dans le parc de Montretout, donnant par une porte dérobée sur les jardins du château. C'est à la suite de l'une de ses visites nocturnes que l'empereur, rentré aux Tuileries, eut une crise cardiaque. Eugénie se rendit aussitôt chez la dame pour exiger son départ, mais Louis-Napoléon s'y opposa et c'est finalement l'impératrice qui s'éloigna pendant quelque temps de la Cour. Marguerite resta sa favorite jusqu'à la fin du règne, y compris lors de sa captivité en Allemagne pendant la guerre de 1870. Elle lui avait d'ailleurs donné un fils, né en février 1864, qui fut déclaré à la mairie du VIIIe arrondissement de Paris sous le nom de Charles Lebœuf et doté du château de Mouchy, dans l'Oise. Marguerite eut ensuite d'autres amants célèbres, parmi lesquels le général de Lignières et, selon certaines sources, le tribun républicain Léon Gambetta, mais lorsque l'empereur mourut en exil en Angleterre, en 1873, elle fit le voyage pour aller saluer son cercueil et pleurer toutes ses larmes devant son « cher seigneur ».

Outre ces trois favorites, bien d'autres jolies femmes, cocottes, demi-mondaines ou aristocrates eurent les honneurs de la couche impériale. Comme l'écrivait Maxime Du Camp, « il se pavane, se compromet, se déshonore. Le matin, il y a toujours quelques jupons qui traînent dans les appartements privés[10] ». Les commérages allaient bon train aux Tuileries ou à Compiègne, et les nostalgiques de la monarchie se disaient scandalisés par les mœurs dissolues de ce parvenu de Bonaparte. Quand on lui demandait la différence entre une femme du monde et une courtisane, il répondait par cette délicate métaphore : « Un jardin en lequel nul ne met le pied contient d'excellents fruits que goûte seul son propriétaire. Pourquoi un jardin ouvert à tous ne renfermerait-il pas d'aussi délicieux produits ? » C'est pourquoi, aux yeux de la haute société royaliste du faubourg Saint-Germain, la cour de Napoléon III apparaissait comme un repaire de libertins et de dévergondées. On commentait la liaison du comte Walewski avec la tragédienne Rachel, passée entre les bras de Louis-Napoléon et d'un autre de ses cousins, le prince Napoléon. On ne comptait plus les conquêtes du duc de Morny, demi-frère de l'empereur et l'un des personnages les plus influents du régime. Ce noceur invétéré, mais fin politique par ailleurs, s'était longtemps appuyé sur sa maîtresse Fanny Le Hon, fille d'un très riche industriel belge, et qui l'avait beaucoup aidé dans ses multiples opérations financières, comme Miss Howard avait financé la carrière politique de Louis-Napoléon. Ils avaient eu une fille, née en 1838 et mariée en 1858 au prince Ladislas Poniatowski. On prêtait au duc d'autres enfants naturels, dont l'actrice Sarah Bernhardt, fille d'une célèbre courtisane de l'époque surnommée « Youle ». Ce qui est sûr, c'est qu'il était l'amant de la tante de Sarah, qui vivait elle aussi de ses charmes, et qu'il pourvoyait à l'éducation de la jeune fille. On disait aussi qu'il était le père du dramaturge Georges Feydeau, dont la mère, la courtisane polonaise Leocadia Zelewska, fut longtemps sa maîtresse. Il semble que cette dernière ait aussi fréquenté la couche de l'empereur[11]. On voit que les alcôves des palais impériaux n'étaient jamais très loin des loges des théâtres ou des opéras.

La fête impériale

Il était d'ailleurs de bon ton sous le second Empire de s'afficher dans Paris au bras de l'une de ces demi-mondaines qui faisaient se ruiner les princes, les hommes d'affaires et les artistes de renom. Si Marguerite Bellanger sut séduire l'empereur, Cora Pearl, née Emma Crouch à Londres, fréquenta elle aussi les sommets du pouvoir. Elle fut successivement la protégée de rejetons illustres du premier Empire, Victor Masséna et le prince Achille Murat, puis du duc de Morny, qui loua pour elle un château dans le Loiret, et surtout du prince Napoléon qui lui offrit entre autres deux hôtels particuliers à Paris. Surnommée « la grande horizontale » ou « le plat du jour », elle n'avait pas hésité à se présenter nue sur un immense plateau d'argent lors d'un dîner dans un cabinet particulier d'un restaurant à la mode, le Café anglais. En 1867, interprétant le rôle de Cupidon dans l'opérette *Orphée aux Enfers* de Jacques Offenbach, elle apparut sur scène vêtue de ses seuls diamants. Chaque fois qu'un diamant s'échappait de son étincelante parure, elle le laissait comme pourboire aux machinistes. Elle plaisait à l'empereur et on l'avait vue à ses côtés au bois, dans sa calèche, mais on n'est pas sûr qu'ils soient allés plus loin[12].

En revanche, on disait que la très précoce Céline Montaland, qui avait débuté sur les planches à l'âge de six ans, avait perdu sa virginité avec l'empereur, avant d'être entretenue par le prince Demidoff et quelques autres, pour lesquels la mère de la belle fixait les tarifs de ses faveurs. Giulia Benini, dite la Barucci, « assez grande, mince et svelte », avec de « grands yeux noirs, un air de bonté vive, les traits de la petite beauté italienne », selon la description des Goncourt, recevait ses amants dans son appartement des Champs-Élysées où s'exposaient des coupes d'argent et des velours gravés du « N » impérial ainsi qu'une pièce d'argenterie portant la mention « Napoléon III », autant de souvenirs de sa liaison avec l'empereur. La jeune Valtesse de La Bigne, née Émile-Louise Delabigne, petite lingère normande qui avait commencé sa carrière par la prostitution avant de devenir la muse de Jacques Offenbach, se vantait elle aussi d'avoir bien connu le souverain. En revanche, Anna Deslion, décrite par Arsène Houssaye comme « la perfection accomplie », dut quant à elle se contenter du prince Napoléon, surnommé « Plon-Plon », à défaut d'avoir séduit son cousin. Le prince rencontra par mégarde le vaudevilliste Laurent Thibault dans l'escalier de la belle et lui dit : « Trompé par un homme d'esprit, c'est encore du bonheur ! » Ce à quoi l'autre répondit avec la même élégance : « Déshonoré par une Altesse, c'est encore un honneur ! » Le prince, décidément aussi coureur que Napoléon III, fut aussi l'amant de Léonide Leblanc, que l'on appelait « Mademoiselle Maximum » tant elle était réputée pour savoir monnayer ses charmes. On la décrivait ainsi : « Tendre et vermeille comme un beau fruit, le pied fin et les bras les plus beaux du monde. » Après « Plon-Plon », son plus célèbre amant fut le duc d'Aumale, fils du roi Louis-Philippe, qui l'installa dans un hôtel particulier fastueux, rue de Prony. Lorsque ses autres prétendants se faisaient trop pressants, elle leur désignait, de loin, le duc endormi sur un fauteuil, en disant : « Monseigneur est là. » En réalité, ce n'était qu'un mannequin qu'elle avait fait confectionner à l'effigie de son protecteur.

Et si les princes et les ducs multipliaient les escapades dans le demi-monde du théâtre et de l'opéra, certaines étoiles de la cour impériale brillaient elles aussi de mille feux. La plus piquante d'entre elles était la princesse Pauline de Metternich, mariée à son oncle, et qui se trouvait par conséquent être à la fois la petite-fille et la belle-fille du négociateur du traité de Vienne. Surnommée « l'ambassadrice du plaisir », réputée pour son goût des commérages, son esprit capricieux et sa beauté rayonnante, qui inspira des peintres comme Degas et Boudin, elle tenait un salon réputé dans toute l'Europe, et Napoléon III aimait à lui faire la cour. Inséparable de la princesse de Metternich était la comtesse Mélanie de Pourtalès, elle aussi très belle et très mondaine, dont Boni de Castellane écrivait qu'elle « évoquait pour tous la poudre de riz, l'élégance et le parfum de la violette[13] ». Dans son cénacle, on y voyait paraître la princesse de Sagan, née Seillière, que son mari, joueur impénitent, laissait libre de choisir ses amants à condition qu'elle lui verse une rente. Et l'on jasait sur l'apparition très dénudée de la princesse russe Rimski-Korsakov lors d'un bal aux Tuileries où elle avait revêtu la tunique légendaire de Salammbô. L'étoffe en était transparente et dévoilait si généreusement ses appas que l'impératrice scandalisée l'avait fait reconduire hors de ses salons. Il faut dire qu'elle était passée elle aussi entre les bras de l'empereur. Aux yeux de la vieille noblesse du faubourg Saint-Germain, elle n'était qu'une « cocodette » !

Quant à l'Élysée, il était redevenu, comme sous la monarchie de Juillet, un lieu de résidence pour les souverains étrangers en visite à Paris. Eugénie y avait passé sa dernière nuit de jeune fille, du 29 au 30 janvier 1853, avant de rejoindre aux Tuileries son impérial époux. On avait interrompu pour la circonstance les importants travaux de rénovation entrepris après le coup d'État du 2 décembre 1851. Les aménagements n'étaient pas encore terminés lorsque la reine Victoria, en visite à Paris pour l'Exposition universelle de 1855, fut invitée pour un « lunch » à l'Élysée. Napoléon III poussa la délicatesse jusqu'à promener lui-même le jeune prince de Galles, âgé de 13 ans, dans les jardins du palais. Mais il semble aussi que l'empereur continuait à fréquenter les lieux en d'autres circonstances, beaucoup moins officielles et sans doute plus agréables pour lui. Il faut y voir l'origine du souterrain qui reliait la chapelle du palais à un petit hôtel particulier situé au 18, rue de l'Élysée, et qui appartenait au duc de Persigny, fidèle de l'empereur. On sait qu'en 1867 la ravissante et brillante comtesse Marie-Clotilde de Mercy-Argenteau, favorite occasionnelle du souverain, persuada son mari de louer l'hôtel. On dit que Persigny, jouant les entremetteurs, parcourait le souterrain un bouquet de violettes à la boutonnière afin de s'assurer que la voie était libre pour les deux amants. Mais, à la même époque, un autre empereur utilisa lui aussi l'Élysée comme havre de ses amours secrètes. En visite pour l'Exposition universelle de 1867, le tsar Alexandre II avait emmené dans ses bagages sa maîtresse, la toute jeune Catherine Dolgorouky, de trente ans sa cadette, et qu'il allait épouser treize ans plus tard. Celle qui fut popularisée au cinéma sous le prénom de Katia logeait à Paris, dans un endroit discret, mais venait chaque soir en cachette retrouver son amant au palais en passant par la grille de l'avenue Marigny. C'est ainsi que jusqu'à la fin du second Empire, l'Élysée continua à distiller un parfum d'érotisme, car il était le refuge du bon plaisir des souverains.

3

Le temps des maîtresses, de Thiers à Clemenceau

Les Châtiments ! C'est ainsi que Victor Hugo l'exilé fit rendre gorge en rimes à la fête impériale de Napoléon le Petit. Et c'est ainsi que la Troisième République entendit tourner le dos à ce régime de plaisirs et de débauches qui avait conduit la France à la ruine et à l'humiliation de la défaite. Dans la nouvelle démocratie qui se façonnait sur l'adhésion des masses, il n'était plus question de laisser les puissants étaler les turpitudes et les vices auxquels Napoléon III s'était abandonné sans retenue. Désormais, l'amour serait patriotique, et l'érotisme dissimulé. Au sommet du pouvoir, il n'y aurait plus de favorites, plus de courtisanes, mais des hommes d'État responsables et dignes, tout entiers dévoués au service de la République. C'est ainsi que se construisit l'image d'un nouvel ordre moral républicain dans lequel l'érotisme libertin n'avait plus sa place. Fallait-il pour autant que les hommes de pouvoir renoncent au délicieux parfum de la conquête amoureuse et des extases charnelles ? Bien au contraire, nombre d'entre eux, d'origine plus ou moins modeste, entendaient bien profiter au maximum de leur nouveau statut social et jouir à satiété de l'ivresse des sommets. Parvenus à la tête de l'État par la force de leur talent ou l'efficacité de leurs intrigues, il leur semblait légitime de jouir à leur tour de tous les avantages que la monarchie et l'Empire réservaient naguère à des médiocres, dont le seul mérite était d'être bien nés. Mais alors que la rumeur des amours royalistes ou impériales restait la plupart du temps confinée au cercle restreint de la Cour, il devenait difficile à la fin du XIXe siècle de la dissimuler au grand public. La curiosité de la presse, alors en plein essor, ne connaissait plus de bornes, et les citoyens exigeaient toujours plus d'informations, même les plus croustillantes, sur les hommes qu'ils avaient élus. C'est ainsi que les colonnes de journaux se remplirent de détails ou d'anecdotes plus ou moins authentiques, souvent de simples ragots, prenant pour cible les grandes figures en vue du régime républicain. Et c'est ainsi que l'érotisme des puissants s'invita dans l'univers du scandale, au même titre que l'affairisme et la corruption. Ils furent nombreux à en faire les frais, de Léon Gambetta, au tout début de la Troisième République, à Joseph Caillaux, à la veille de la Grande Guerre, en passant par l'infortuné président Félix Faure, qui mourut d'avoir trop aimé.

Les « trois moitiés » d'Adolphe Thiers

Au lendemain de la chute de l'Empire, le premier à fréquenter l'Élysée fut un bourgeois qui avait beaucoup côtoyé les princes, au point d'avoir dirigé en 1840 le gouvernement du roi Louis-Philippe puis d'avoir largement contribué en 1848 à l'élection présidentielle de Louis-Napoléon Bonaparte… qu'il jugeait pourtant « absolument nul ». En dépit de sa toute petite taille

– 1,54 mètre –, Adolphe Thiers s'estimait à raison bien au-dessus d'un empereur qui avait conduit le pays à la débâcle militaire et des royalistes velléitaires qui s'avéraient incapables de restaurer la monarchie. C'est lui qui avait été choisi à la quasi-unanimité de l'Assemblée nationale, le 17 février 1871, pour sauver la France, ruinée, humiliée et occupée par les Allemands, avec le titre de chef du pouvoir exécutif. Puis, cette assemblée en majorité monarchiste l'avait nommé le 31 août suivant président de la République, ce qui n'était pas le moindre des paradoxes. Il succédait ainsi à vingt-trois ans de distance à celui qu'il avait porté au pouvoir avant de devenir son principal opposant. Mais, à la différence de Louis-Napoléon en 1848, il ne fut pas autorisé à réaliser son rêve : s'installer au palais présidentiel.

Pourquoi cet homme providentiel, salué par tous comme « le libérateur du territoire », ne pouvait-il pas s'installer à l'Élysée, lieu emblématique du pouvoir ? D'une part, parce que la majorité monarchiste de l'Assemblée ne tenait pas à en faire le siège du pouvoir républicain. D'autre part – et c'était d'ailleurs la raison principale –, parce que les Parisiens, dont Thiers avait brutalement écrasé la Commune lors de la Semaine sanglante de mai 1871, ne voulaient pas le voir revenir dans la capitale. « Nous ne serons pas quinze jours à Paris sans que M. Thiers soit assassiné », disait sa femme Élise, se souvenant que les communards en révolte avaient détruit leur hôtel particulier de la place Saint-Georges et s'estimant beaucoup plus en sécurité à la préfecture de Versailles où son mari s'était provisoirement installé[1].

Néanmoins, à partir de septembre 1872, le président de la République fut autorisé à organiser à l'Élysée quelques-unes de ces réceptions mondaines dont il raffolait. À la différence d'Élise, froide et revêche, et que l'écrivain Edmond About comparait au pôle Nord, Thiers était un brillant causeur qui n'aimait rien tant que la compagnie des princes et des jolies femmes. Depuis qu'il s'était lancé dans les salons parisiens dans les années 1820, il n'avait eu de cesse que de conquérir ses auditoires par le brio de son intelligence et le charme de sa conversation. C'est d'ailleurs ainsi qu'il avait séduit en 1825 celle qui allait devenir à la fois sa bienfaitrice et sans doute sa maîtresse, Sophie Dosne, riche bourgeoise de trois ans son aînée. La bienveillance de cette « petite femme assez fraîche et potelée, d'une figure commune presque laide », aux dires de Charles de Rémusat, s'était traduite non seulement par le don de l'hôtel particulier de la place Saint-Georges mais aussi par celui de la main de sa fille Élise, alors âgée de 15 ans, que Thiers avait épousée par intérêt en 1833. Et c'est ainsi que la carrière fulgurante du petit avocat méridional s'était édifiée sur ce ménage à trois. C'était même devenu un ménage à quatre car il s'était enrichi de la sœur cadette de Mme Thiers, Félicie Dosne, aussi charmante et brillante qu'Élise était « grosse, vulgaire, fort laide de figure », si l'on en croit Xavier Marmier[2]. Malgré sa beauté et sa dot, Félicie ne s'était jamais mariée et vivait auprès de sa mère et du couple Thiers, d'où les rumeurs et l'ironie des chansonniers, qui faisaient dire au petit grand homme : « Je n'ai ni Montespan ni Fontanges / La Vallière ou Maintenon, / Mais j'ai Madame Thiers, un ange / Et Félicie, un joli nom / Je les mène quand vient l'aurore / Promener sur le gazon. »

Outre ses « trois moitiés », Adolphe Thiers plaisait et aimait plaire aux femmes depuis toujours. À ses débuts, il y avait eu Dorothée de Courlande, duchesse de Dino, nièce et amante de l'octogénaire Talleyrand, lequel avait beaucoup d'estime pour le jeune homme. Il semble que cette aristocrate racée, qui collectionnait les aventures, ait donc fait bénéficier à la fois son vieil oncle et le protégé de celui-ci de ses faveurs. Par la suite, lorsqu'il était devenu un personnage important du règne de Louis-Philippe, on avait prêté à Thiers d'autres liaisons mondaines, notamment avec la belle comtesse Taverna, qui avait la moitié de son âge, et avec Mme de Nesselrode, fille d'un ministre du tsar. La duchesse de Dino écrivait de cette dernière qu'elle vivait littéralement à la Chambre des députés tant elle était éprise de Thiers. Si l'on en croit l'historien Jules Bertaut, il aurait eu par ailleurs des fréquentations moins avouables, dont une actrice qui habitait à l'époque rue de Vaugirard[3]. L'anecdote raconte que Charles de Rémusat, ministre de l'Intérieur, était venu l'y chercher en personne un jour de 1840 pour le ramener au Conseil qu'il devait présider, et ce sur les indications du roi Louis-Philippe lui-même, qui connaissait les habitudes de son chef du gouvernement.

Respectable septuagénaire au début de la Troisième République, il semble que ses ardeurs se soient apaisées, mais il aimait toujours séduire les femmes du monde, qui se disputaient l'honneur de sa conversation. Xavier Marmier en fut le témoin lors d'un dîner chez la duchesse de Galliera, le 11 juin 1872 : « Le soir, dans le salon, il a été fort entouré et j'ai été témoin d'une jolie petite comédie : deux femmes cherchant en même temps à le conquérir : la duchesse Colonna… et la pauvre, chétive petite Forbin. La forte duchesse est restée victorieuse[4]. » Plus connue sous son nom de sculpteur, « Marcello », la duchesse de Castiglione Colonna, était une amie de longue date de Thiers, mais nullement sa maîtresse. Preuve en est ce mot un peu dépité qu'il lui avait envoyé : « Ma chère duchesse, je regarde avec plaisir, avec admiration, les brillantes et changeantes couleurs de votre plumage, n'ayant pas la moindre espérance de vous fixer auprès de moi. » Elle faisait néanmoins partie de son cénacle d'admiratrices, reçues aussi bien à Versailles que lors des fêtes du palais redevenu comme en 1848 « l'Élysée-National ».

Bien que l'Assemblée ne lui eût attribué qu'une très modeste indemnité de représentation, très éloignée de celle allouée naguère à Louis-Napoléon Bonaparte, et bien que ne pouvant y loger, celui que l'on surnommait « Adolphe Ier » eut à cœur de redonner du lustre à ce palais marqué par les fastes de l'Empire. Il y accueillit justement un empereur, celui du Brésil, première tête couronnée invitée à Paris depuis la guerre. Plus pénible fut la réception donnée en l'honneur de la célèbre Païva, ancienne courtisane du second Empire devenue après la guerre la femme du comte prussien Guido Henckel von Donnersmarck, cousin de l'empereur d'Allemagne. Détestée par les Parisiens qui la considéraient comme une espionne, elle avait été huée lors d'une soirée à l'Opéra, et l'ambassadeur d'Allemagne avait exigé que Thiers lui fasse réparation de cet affront en organisant cette soirée pour elle. Et c'est ainsi que l'ancienne prostituée, portant au front un diadème autrefois donné par Napoléon III à Eugénie, fut reçue en grande pompe à l'Élysée, assise à la droite du chef de l'État. C'était d'autant plus humiliant que les moyens manquaient pour redorer le blason de la République. « Quelques verres de sirop de groseille, quelques assiettes de sandwiches mal beurrés et des gâteaux secs, très secs », écrit le journaliste Hector Pessard, suffirent néanmoins à assurer le succès des soirées de l'Élysée[5]. Et c'est ainsi que les députés républicains firent leur entrée au palais, se mêlant aux princes et aux femmes du monde qui entouraient le chef de l'État de leur admiration.

Il n'est pas sûr qu'après la Païva, d'autres courtisanes aient été reçues à l'Élysée dans les années qui suivirent. En effet, après qu'Adolphe Thiers eut été contraint à la démission par la majorité monarchiste de l'Assemblée, le 24 mai 1873, il fut aussitôt remplacé à la présidence par le maréchal de Mac-Mahon, qui n'avait pas le tempérament d'un libertin. Le régime instauré par ce militaire rigoureux et rigoriste, dont le cœur penchait nettement en faveur de la monarchie, fut baptisé « ordre moral », c'est dire ! C'est ainsi que furent organisés de grands pèlerinages à Lourdes ou Paray-le-Monial, auxquels participèrent un grand nombre de députés, et que l'Assemblée nationale adopta en juillet 1873 une loi déclarant d'utilité publique la construction d'une basilique dédiée au Sacré-Cœur sur la colline de Montmartre, conçue comme une réparation des crimes de la Commune. On imagine que dans cette atmosphère confite en dévotion, et marquée par le retour de la vieille aristocratie au pouvoir, les cocottes et les demi-mondaines du second Empire étaient désormais *personæ non gratæ* à l'Élysée. Le maréchal de Mac-Mahon ne décida de s'y installer définitivement qu'en septembre 1874, mais, dès le mois de juillet 1873, il y avait fait aménager une salle du Trône destinée à accueillir le shah de Perse, potentat obèse et couvert de pierres précieuses de la tête aux pieds. Puis, c'est à l'occasion de la visite en France du tsarévitch, futur Nicolas II, qu'il fit transformer la salle de bal de Napoléon III en une immense salle à manger afin d'organiser les dîners de la présidence. Ceux-ci étaient destinés aux politiques de haut vol, aux ambassadeurs étrangers ou à l'aristocratie du faubourg Saint-Germain. Les frivolités de jadis n'y avaient plus leur place[6] !

Léon et Léonie

Et pourtant, c'est dans le proche entourage du président Mac-Mahon lui-même que l'érotisme du pouvoir vint s'insinuer au cœur même de l'ordre moral. La coupable était la propre sœur de sa femme, la comtesse Jeanne de Beaumont, née de La Croix de Castries, une parfaite représentante de la haute aristocratie légitimiste. Et le péché de la belle était d'autant plus grave que son amant présumé n'était autre que Léon Gambetta, président de la Chambre des députés et principal opposant politique au maréchal de Mac-Mahon. On ne pouvait imaginer couple moins assorti que cette dame du grand monde, délicate et parfumée, et ce fils d'un petit épicier de Cahors, tribun débraillé, borgne et barbu, devenu le chef de file des républicains ! Mais le « commis voyageur de la démocratie », comme on l'appelait à l'époque, était à l'instar d'Adolphe Thiers, et dans un style totalement différent, un magicien de la parole et un grand amateur de femmes.

Au Quartier latin, où il avait accompli ses études de droit, puis tout au long de sa carrière d'avocat, il avait surtout fréquenté des « grisettes », jeunes femmes du peuple, brodeuses, passementières, couturières, qui vendaient leurs charmes à l'occasion. Si l'on en croit *Le Roman de Gambetta*, publié en 1934 par son cousin éloigné Pierre-Barthélemy Gheusi, le jeune as du barreau aurait eu une liaison avec Marguerite Bellanger, maîtresse attitrée de Napoléon III, mais rien ne le prouve. En revanche, il est avéré qu'à partir de 1865, il s'était mis en couple avec Marie Meersmans, fille naturelle d'une passementière et qui avait été dans sa jeunesse l'amante du poète Frédéric Mistral. Connue sous le sobriquet de « la Grande Thérèse », cette belle femme d'origine flamande avait dix-huit ans de plus que lui, et lui vouait un amour sincère et presque maternel. Mais elle avait été rapidement éclipsée par celle qui allait devenir le grand amour du tribun : Léonie Léon. Cette dernière, fille d'un officier créole qui était mort fou en 1860, avait été auparavant la maîtresse d'un certain Louis-Alphonse Hyrvoix, inspecteur général de police des résidences impériales, dont elle avait eu un fils en 1865, prénommé Léon-Alphonse. Elle l'appelait bizarrement « la Chine » et lui l'appelait « ma tante », et l'on n'est pas sûr qu'il ait jamais connu sa filiation réelle. Toujours est-il que Léonie était tombée follement amoureuse de Gambetta en 1868 lorsqu'elle l'avait vu plaider pour la défense du radical Charles Delescluze et prononcer un véritable réquisitoire contre le second Empire qui avait fait de lui un des ténors républicains. Dès lors, elle n'avait eu de cesse que de le rencontrer, suivant sans relâche ses discours à l'Assemblée et se débrouillant même pour se retrouver dans le même compartiment que lui dans le train qui faisait la liaison entre Paris et Versailles, où siégeaient les députés. Leur premier tête-à-tête aurait eu lieu justement dans le parc du château de Versailles et, quelque temps plus tard, très exactement le 27 avril 1872, elle s'était donnée au grand homme dans l'appartement qu'il appelait sa « bonbonnière », au 7, rue Bonaparte, à Paris. Ce fut le début d'une romance passionnée entre le premier des républicains et celle qu'il appelait sa « Zaïre », son « incomparable, l'idéal réalisé, le chef-d'œuvre de l'amour[7] ».

Gambetta avait eu un peu de mal à avouer sa nouvelle liaison à Marie Meersmans, à qui il écrivait encore, six mois après avoir rencontré Léonie, des lettres signées « Loulou amoureux ». Il semble que « la grande Thérèse » ait assez mal vécu la rupture, au point de se venger bien des années plus tard, menaçant en 1876 de divulguer à la presse et au monde politique une photographie que le grand patriote lui avait dédicacée ainsi : « À ma petite reine que j'aime plus que la France ». Juliette Adam, qui se flattait d'être l'égérie politique de Gambetta, affirme dans ses Mémoires que c'est elle qui réussit à récupérer la dédicace compromettante, moyennant 6 000 francs. Mais il faut prendre cette révélation avec des pincettes car la belle Juliette, blonde et marmoréenne épouse du député Edmond Adam, s'est peut-être attribué une influence qu'elle n'avait pas. Ce qui est sûr néanmoins, c'est qu'elle joua un rôle important dans la carrière politique du tribun, car il fréquentait assidûment son salon, où se retrouvaient, écrit-elle, « des artistes qu'il charmait, des financiers qu'il rassurait, des adversaires politiques qu'il enrôlait[8] ». À la mort de son mari, en 1877, elle aurait même proposé le mariage au grand homme, qu'elle harcelait de lettres enflammées. Mais il aurait fallu pour cela que Gambetta mette fin à sa liaison avec Léonie Léon, ce qui était hors de question.

Si l'on en croit ces propos d'après-dîner, entendus par Edmond de Goncourt, Juliette avait un appétit féroce : « Adam, quand il n'était encore que son amant, me disait qu'elle était si chaude que s'il y avait des bordels d'hommes, elle y prendrait un abonnement. » Mais Gambetta préférait à l'ardeur de Juliette la douce réserve de Léonie, petite femme brune aux grands yeux bleus qui cultivait à la perfection l'art de l'effacement. Elle s'accommodait plutôt bien des succès féminins de son amant, devenu la coqueluche du Tout-Paris mondain. Goncourt dans son Journal se moque de cet engouement pour celui qu'il appelle « l'altesse de Belleville », allusion à son fief électoral parisien : « Dans ce moment, la femme bourgeoise a grand appétit de Gambetta. Elle veut l'avoir chez elle, elle veut le servir à ses amies, elle veut le montrer, échoué sur un divan de soie, à ses invités.

Le gros homme politique devient la bête curieuse que se disputent tous les salons. » Fascinées par le pouvoir et par l'éloquence du tribun, plusieurs femmes du monde s'intéressaient de très près à lui, en dépit de ses manières vulgaires et de son embonpoint. D'après son ami Scheurer-Kestner, « il adorait la compagnie des femmes et savait se faire adorer d'elles[9] ». Ce fut le cas notamment de Marie-Louise, marquise Arconati-Visconti, surnommée « la marquise rouge », et qui tenait salon le jeudi pour les ténors républicains. Fille du vieux républicain Alphonse Peyrat, elle avait épousé en 1873 le fils unique du marquis Arconati-Visconti, aide de camp de Victor-Emmanuel II, et la mort prématurée de son mari trois ans plus tard l'avait fait hériter d'une fortune colossale. Parmi les « jeudistes » qui fréquentaient son salon, Gambetta était de loin son préféré, et il se murmurait qu'elle était sa maîtresse. Dans une lettre de février 1881 adressée à sa « *carissima amica* », il lui déclarait qu'elle était sa seule amie, sa favorite, qu'il n'y en avait jamais eu d'autres, « les bêtes à griffe[s] et à plumes (d'encrier) [lui] faisant toujours peur ». Toujours est-il qu'il resta très proche de la marquise jusqu'à sa mort, comme il était aussi familier de Suzanne Arnaud, une autre riche et jolie femme qui tenait aussi un salon républicain. Mariée au député puis sénateur Arnaud de l'Ariège, elle aussi avait hérité d'une grosse fortune, qui était celle de son oncle Vincent Dubochet, « le roi du gaz ». Fervente gambettiste, elle versa à partir de 1877 une rente au tribun républicain afin de lui permettre de vivre sur un grand pied, allant jusqu'à mettre à sa disposition son hôtel particulier de la rue de Suresnes. À la mort de son mari en mai 1878, la rumeur courut de son remariage avec Gambetta, dont son fils Joseph était d'ailleurs le secrétaire. Étant donné qu'elle avait dix-huit ans de plus que le tribun républicain, cette hypothèse apparaît hautement fantaisiste. Mais, comme beaucoup d'autres, elle était prête à tout pour ce magicien des mots qu'était Gambetta, sublimé par l'érotisation du pouvoir.

En dépit des rumeurs colportées par les monarchistes sur sa « luxure », sa « vie de satrape » et ses passades supposées, c'est néanmoins Léonie Léon qui sut garder le cœur du grand homme, jusqu'à la fin. Il lui avait donné un anneau qui portait, gravée à l'intérieur, cette devise : « Hors cet anneau, point n'est amour. » Il lui écrivait des lettres tendres et passionnées, plus de 3 000 en tout, d'autant plus nombreuses que les deux amants vécurent séparés pendant les cinq premières années de leur idylle, lui fréquentant les salons parisiens, elle recluse en banlieue avec son fils et sa mère, à Bourg-la-Reine puis à Fontenay-aux-Roses. Ils se retrouvaient régulièrement incognito dans un petit appartement de la rue Bonaparte pour des rendez-vous coquins. « Plus je vous comprends, lui écrivait-elle, plus j'acquiers la certitude que vous avez besoin d'être aimé, gâté, adoré, idolâtré incessamment et que c'est une nécessité pour vous de trouver dans une affection sans bornes le délassement et l'oubli des tensions et préoccupations politiques. » En somme, il était son héros et elle sa geisha, au plein sens japonais de sa fonction, à la fois amante sensuelle et interlocutrice avisée, qu'Auguste Scheurer-Kestner qualifiait de « femme remarquable ». Elle se plaignait parfois qu'il ne lui parle pas suffisamment de politique, « cette noble passion qui avait attaché sa pensée » au tribun républicain. En 1877, leur relation devint plus régulière lorsqu'elle vint habiter avec lui dans sa propriété des Jardies, à Sèvres, mais ses activités politiques le retenaient souvent loin de leur nid d'amour. « Ne crains rien de l'avenir… Toi seule remplis mon âme », lui écrivit-il en février 1879 pour la rassurer après son élection à la présidence de la Chambre des députés. C'est d'ailleurs à cette époque qu'il lui proposa de l'épouser, mais qu'elle refusa, sans doute par crainte des attaques de la presse sur ses relations passées avec un dignitaire du second Empire et sur le fils illégitime qu'elle avait eu de lui. Juive convertie au catholicisme, elle tenait par ailleurs à ce que son mariage soit béni par un prêtre, ce que Gambetta, chef du parti républicain, ne pouvait se permettre. La dernière lettre connue de ce dernier, en novembre 1882, semble néanmoins indiquer qu'elle avait enfin consenti au mariage civil pour en finir « avec cette vie hachée ». Malheureusement, c'est au moment où leur union allait enfin être officialisée qu'un accident malheureux faucha le tribun républicain dans la fleur de l'âge, le 31 décembre 1882.

On a fait couler beaucoup d'encre sur la mort de Gambetta. Le 27 novembre, il s'était malencontreusement tiré une balle dans le bras droit en maniant un pistolet que l'armurier Claudin venait de lui offrir, et son médecin, le docteur Lannelongue, lui avait naturellement prescrit le lit et la diète pour se remettre après une perte de sang. On ne sait pas s'il y a une relation de cause à effet mais toujours est-il qu'il commença à avoir de fortes douleurs au ventre pendant ces quelques jours d'alitement et que se déclencha à ce moment la péritonite – appelée alors typhlite – qui allait l'emporter. Les éminents docteurs appelés à son chevet n'osant pas l'opérer, de peur d'être jugés responsables d'un accident, la situation du malade ne fit qu'empirer et il mourut juste avant minuit le soir du réveillon. C'est alors que les rumeurs les plus folles furent lancées dans la presse, notamment parmi les opposants au tribun. La thèse la plus insistante était que le coup de feu qui avait tout déclenché avait été tiré par sa maîtresse au cours d'une dispute amoureuse. On parlait même d'une deuxième balle reçue dans le ventre et qui aurait provoqué la mort. D'autres rumeurs, plus folles encore, affirmaient que Léonie, espionne au service de l'Allemagne, l'avait tué de sang-froid parce qu'il refusait de mener la politique de rapprochement avec le Kaiser qu'elle tentait de lui inspirer. Ce bobard fut notamment colporté bien après sa mort par Léon Daudet, l'un des chefs de l'Action française. S'il est vrai que Léonie le poussait plutôt dans le sens d'un rapprochement avec l'Allemagne, ce que Juliette Adam, aveuglée par sa jalousie, considérait comme inacceptable, il n'en est pas moins vrai que la jeune maîtresse de Gambetta n'avait rien d'une espionne ! Dévastée par le chagrin, elle ne réclama rien après la mort du tribun, qui n'avait laissé aucun testament. Lorsque certains l'incitèrent à prétendre que son fils était celui du grand homme afin qu'il en soit l'héritier, elle se refusa à cette mascarade. Jusqu'en 1906, elle vécut solitaire et recluse à Auteuil, dans le souvenir de celui qui avait été l'amour de sa vie.

« Les tribulations d'un beau-père »

Lorsque fut érigé à Cahors, sa ville natale, un monument à la gloire de Gambetta, le 14 avril 1884, c'est le président du Conseil Jules Ferry qui prononça le discours d'inauguration. Le président de la République Jules Grévy avait quant à lui préféré se faire représenter. Ce n'était d'ailleurs un mystère pour personne que les deux hommes se détestaient, l'austère et modéré Grévy jalousant les talents oratoires du tribun républicain et méprisant sa faconde méridionale. Le contentieux politique entre les deux hommes s'était d'ailleurs aggravé lorsque la rumeur courut que Gambetta courtisait Alice Grévy, la fille du président de la République. Ce n'étaient sans doute que des racontars, mais l'entourage du chef de l'État en tira prétexte pour discréditer un peu plus encore celui qui faisait tant d'ombre à son champion. D'ailleurs, c'est au député de Loches Daniel Wilson, ennemi juré de Gambetta, que Jules Grévy finit par accorder la main de sa fille à l'automne 1881[10]. Il faut dire que Wilson était un beau parti, héritier richissime d'une famille d'industriels d'origine écossaise, gros actionnaire de la Compagnie parisienne du gaz et possédant entre autres un château à Écoublay, un domaine à Ruffec et plusieurs immeubles à Paris. Le revers de la médaille, c'est qu'il avait une réputation de noceur, grand amateur de cigares et de jolies femmes, joueur invétéré au cercle de l'Union artistique où il passait du baccara à l'écarté comme il changeait de maîtresse. Mais on disait qu'il s'était assagi à la quarantaine, lancé à corps et à fonds perdus dans la politique, devenant président de la commission du Budget de la Chambre puis sous-secrétaire d'État au Budget. C'est pourquoi Alice, déjà trentenaire, avait fait taire sa passion pour le ténor de l'Opéra Victor Capoul, son premier grand amour, et accepté d'épouser Daniel Wilson à l'Élysée, le 22 octobre 1881, en présence des plus grands noms de la République dont Jules Ferry, témoin de Wilson et président du Conseil en exercice, ainsi que Gambetta, qui allait bientôt lui succéder.

Les mauvaises langues laissaient entendre que ce mariage n'était pas tout à fait étranger aux excellentes relations qu'entretenait le président Grévy avec la sœur aînée de Daniel Wilson, la belle et très riche Marguerite. Elle était pourtant mariée depuis 1857 à Eugène Pelouze, médecin attaché à la Compagnie parisienne du gaz, mais ce dernier avait demandé en janvier 1869 la séparation de corps et de biens à la suite d'une triste affaire qui jetait une lumière trouble sur sa famille. Le mari trompé aurait en effet surpris Marguerite dans les bras de son propre frère Daniel, dans leur hôtel particulier de la rue de l'Université. Il aurait alors rompu toute relation avec elle, même si le divorce était exclu pour des raisons à la fois juridiques et mondaines. À partir de cette date, Marguerite Pelouze profita seule et en toute liberté du château de Chenonceaux que le couple avait acheté cinq ans plus tôt, et qu'elle faisait restaurer à prix d'or pour le remettre en son état du XVIe siècle. Elle y tenait un salon fréquenté par les plus grands artistes, tel Gustave Flaubert, qui séjourna par trois fois au château, mais aussi par des personnalités politiques de premier plan comme Adolphe Thiers et Jules Grévy. Or, si l'on en croit un rapport tout à fait officiel du ministère de l'Intérieur, daté de septembre 1877, ce dernier était bel et bien « l'amant avoué » de Marguerite, que le commissaire de police de Tours qualifiait de « véritable Messaline ». Les biographes attitrés du président Grévy démentent cette rumeur, mais il semble en tout cas que, sous des dehors très austères, il eût pris goût au faste de Chenonceaux.

À vrai dire, Grévy a non seulement profité des charmes de Marguerite mais aussi et surtout des talents financiers et des spéculations de son gendre, devenu à l'Élysée son premier conseiller. Lors du mariage de sa fille, en 1881, le chef de l'État ne possédait pratiquement aucun bien personnel, comme l'indique la dot assez réduite dont il avait pourvu sa fille, alors que Daniel Wilson pouvait se prévaloir d'une fortune évaluée à plus de trois millions de francs. Mais, à sa mort, dix ans plus tard, Jules Grévy laissait au moins sept millions à ses descendants, dont trois immeubles à Paris ainsi qu'un portefeuille impressionnant d'obligations britanniques et de rentes françaises ou étrangères. Nul doute que cet enrichissement spectaculaire d'un petit avocat jurassien devenu millionnaire était largement imputable aux opérations spéculatives de son gendre, rompu aux placements à risque et aux délits d'initiés. Le problème, c'est que cette fortune rapidement gagnée reposait sur une conception très élastique du conflit d'intérêts, qui allait d'ailleurs conduire Grévy à sa perte. Peu à peu, journalistes et pamphlétaires commencèrent à débusquer puis à dénoncer les manigances de Wilson, installé à l'Élysée. Puis, en octobre 1887, éclata le scandale des décorations, qui allait provoquer sa chute. À la suite des révélations du journal *Le XIXe siècle*, sans doute alimentées par un banquier mécontent, l'opinion fut stupéfaite d'apprendre que le gendre du chef de l'État avait organisé, à quelques pas du bureau présidentiel, un véritable trafic de faveurs et de décorations, notamment la Légion d'honneur, qu'il monnayait contre de l'argent ou des actions dans ses entreprises. Toute la France entonna alors la chanson d'Émile Carré, *Ah ! Quel malheur d'avoir un gendre ou les Tribulations d'un beau-père*, dont le livret, vendu par les camelots sur les boulevards, voyait Grévy assis sur un billard, s'arrachant les cheveux sous les yeux étonnés d'un canard. Avec sa fille Alice, on ne connaissait en effet à Grévy qu'une seule passion, celle du canard appelé « Bébé » qu'il aimait à nourrir dans le petit étang du parc de l'Élysée. Le scandale des décorations fit découvrir au grand public que le chef de l'État avait aussi un goût prononcé pour l'argent, et il dut renoncer à la présidence le 2 décembre 1887. Quelques semaines plus tard, Daniel Wilson fut condamné puis acquitté en appel, au motif fallacieux qu'il n'avait pas les moyens de conférer lui-même les décorations de la Légion d'honneur. Il fut même tranquillement élu maire de Loches en 1892, puis réélu député en 1893 et 1898. L'étrange mansuétude de la justice à son égard venait peut-être du fait qu'il menaçait de publier un certain nombre de dossiers compromettants sur ses congénères politiques, sous la forme d'un ouvrage qui se serait intitulé *Histoire de dix ans. Mes documents*.

Les secrets des puissants

On aurait pu y trouver par exemple des révélations sur l'ancien préfet de police Louis Andrieux, réputé pour sa poigne de fer lorsqu'il était en fonction et devenu député des Basses-Alpes. En octobre 1897, ce respectable quinquagénaire issu de la haute bourgeoisie protestante fit un enfant adultérin à une jeune femme de 24 ans, Marguerite Toucas, fille d'un sous-préfet déchu. Il fit appeler l'enfant Louis Aragon, souvenir d'une ambassade en Espagne ou d'un commissaire de police portant ce nom qui avait servi sous ses ordres. Toujours est-il que le futur poète ne fut pas reconnu à sa naissance par son géniteur, ce qui fut pour lui un traumatisme déterminant dans sa vie et dans son œuvre. Afin de préserver l'honneur des deux familles, Louis Aragon fut présenté au monde comme étant né de parents inconnus, fils adoptif de sa grand-mère maternelle Claire Toucas et donc frère de sa mère. C'est ainsi que le petit Louis ne put jamais dire « maman » à celle qui l'avait mis au monde : « Le mot n'a pas franchi mes lèvres, le mot n'a pas touché mon cœur… Jamais je ne l'ai dit qu'en songe. » Et ce n'est qu'en 1918, au moment où le jeune homme allait être envoyé sur le front, que son géniteur, qui était aussi son « tuteur », demanda à Marguerite de lui révéler la vérité. Mais Wilson, qui était proche d'Andrieux, n'aurait jamais trahi ce terrible secret.

En revanche, parmi les cibles potentielles du brûlot jamais publié, on évoquait le nom de Maurice Rouvier, président du Conseil au moment du scandale des décorations, puis compromis dans un autre scandale quelques années plus tard, celui de la Compagnie universelle de Panama. Affairiste notoire, cet ancien employé de la maison de commerce marseillaise

Zafiropoulo et Zarifi s'était considérablement enrichi au cours de sa longue carrière politique, et chacun savait que sa fortune devait beaucoup à la spéculation. Mais on le critiquait aussi pour sa vie privée, depuis qu'en 1876 il avait été inculpé d'attentat à la pudeur sur une petite fille dans les jardins du Palais-Royal. Confronté à la fillette, il nia les faits et fut relaxé le 16 juillet, alors que les commentaires du magistrat instructeur semblaient accablants[11]. La même année, il avait demandé à la police de faire taire une jeune Marseillaise à qui il avait fait un enfant et qui le poursuivait jusqu'à la Chambre des députés. Heureusement pour Rouvier et quelques autres, Wilson ne mit jamais sa menace à exécution.

À la différence de Grévy, on ne connut pas de maîtresse à son successeur Sadi Carnot. Petit-fils du grand Lazare, surnommé en 1793 « l'organisateur de la victoire », il lui devait son prénom, car ce dernier était un grand admirateur du poète persan Saadi de Shiraz, chantre des femmes, du vin et des roses[12]. Fils du ministre Hippolyte Carnot, donc héritier d'une véritable dynastie républicaine, le nouveau chef de l'État se faisait une si haute idée de sa fonction qu'il lui aurait été impensable de tromper son épouse Cécile, fille du grand économiste Charles Dupont-White, et mère de ses quatre enfants. De toute manière, ce n'était pas dans le tempérament de ce personnage très réservé, surnommé « Barbe en zinc », « l'homme de bois », « le Roide », et décrit par le marquis de Breteuil comme « le plus incolore, le plus insipide des hommes politiques de ce temps-ci ». Ce jugement était plus que contestable si l'on rappelle que Sadi Carnot était sorti de l'École polytechnique puis major de celle des Ponts et chaussées avant de se lancer dans une carrière politique sans failles qui l'avait conduit au sommet de l'État. Bien épaulé par sa femme, il sut redonner à la fonction présidentielle un lustre que la chute de Grévy lui avait instantanément enlevé. Pour la photographie officielle, qui fut exposée dans les écoles et les mairies, il avait troqué la triste redingote grise de son prédécesseur pour le frac avec plastron blanc barré du grand cordon de la Légion d'honneur. Cela lui avait d'ailleurs valu les quolibets de l'opposition, du style « Qu'est-ce que ça dit ? Ça dit Carnot », et moult caricatures moquant son attitude compassée, sa démarche raide, sa barbe noire sur plastron blanc, au point qu'un camelot en vint à vendre sur les boulevards un pantin à son effigie. Mais ce fut une occasion pour Sadi Carnot de montrer qu'il avait le sens de l'humour, car il reçut le camelot à l'Élysée et lui acheta quelques douzaines de pantins. Et, à la différence de Grévy, qui restait cloîtré dans son palais présidentiel, Sadi Carnot comprit qu'il fallait se montrer, inaugurant les réceptions dites « ouvertes », permettant à tout un chacun, pourvu qu'il soit en habit, cravate blanche et gibus, d'être admis au palais présidentiel, où il fit installer l'électricité. Femme du monde accomplie, Cécile lança la tradition de l'arbre de Noël de l'Élysée pour les enfants pauvres. Dans les jardins du palais, elle organisa des « matinées musicales », sous un kiosque érigé pour la circonstance, puis des « garden-parties » où l'on jouait au lawn-tennis et au croquet, et où l'on dansait valses, quadrilles et polkas. Par ailleurs, le chef de l'État mit un point d'honneur à parcourir la France de long en large à la rencontre de ses concitoyens, visitant plus de quarante départements au cours de son mandat, un record sous la Troisième République. On comprend qu'il n'ait pas eu le temps ni l'envie de prendre maîtresse !

Georges et Marguerite

Il faut dire que Sadi Carnot avait fort à faire en matière de relations publiques, car il lui fallait combattre la montée en puissance d'un personnage devenu en quelques mois le chouchou des Français : le général Boulanger. Apparu sur la scène politique en janvier 1886, lorsqu'il avait été nommé ministre de la Guerre, ce dernier s'était fabriqué en quelques mois une popularité exceptionnelle, révélée lors de la revue militaire du 14 juillet 1886, où il avait éclipsé le président de la République Grévy et le président du Conseil Charles de Freycinet[13]. La chanson *En revenant de la revue*, créée par Paulus au lendemain du défilé, avec le refrain « Moi, j'faisais qu'admirer / Notr' brav' général Boulanger », s'était aussitôt vendue à plus de 100 000 exemplaires. Puis l'affaire du commissaire Schnæbelé, arrêté pour espionnage par les autorités allemandes en Moselle, lui avait fourni en avril 1887 l'occasion de se présenter comme « le général Revanche », au risque de déclencher une guerre avec l'Allemagne. Cette image forte du républicain patriote s'était ensuite enrichie de l'auréole du martyr, lorsqu'il avait été écarté du gouvernement Rouvier, constitué le 30 mai 1887. Le 8 juillet suivant, des milliers de sympathisants l'avaient accompagné à la gare de Lyon, où il devait prendre le train pour rejoindre la garnison de Clermont-Ferrand. Puis ils s'étaient mobilisés pour les campagnes électorales menées par le général à partir d'avril 1888. Une armée de camelots colportait *L'Almanach du général Boulanger* et toutes sortes de brochures, poèmes, livrets à la gloire du général, ainsi que les supports de la réclame boulangiste : photographies, cartes de visite, cocardes, médailles, foulards, paniers, montres, bijoux, cravates, épingles, assiettes, mouchoirs, fromages, pains d'épice, savons ou jeux de cartes à son effigie. Si bien qu'il fut élu député de la Seine, le 27 janvier 1889, au nez et à la barbe de Sadi Carnot et du gouvernement. C'est ainsi qu'un général sans victoire et sans charisme, financé secrètement par les royalistes, était devenu en quelques années le républicain patriote le plus populaire de France.

Mais c'est précisément au soir de cette élection triomphale à Paris que l'histoire du général Boulanger bascula dans le mélodrame sentimental. Alors que ses partisans chantaient leur victoire dans les rues de Paris – « C'est Boulange, lange, lange, c'est Boulanger qu'il nous faut » –, alors que ses lieutenants de campagne, tel Paul Déroulède, le chef de la Ligue des patriotes, ou le bonapartiste Georges Thiébaud le pressaient de marcher sur l'Élysée, « comme Napoléon est entré aux Tuileries », le général se retira pour dîner tranquillement à l'entresol du restaurant Durand, place de la Madeleine… avec une dame. Pourtant, ce soir-là, il était le roi de Paris et la route du pouvoir lui semblait ouverte. Dans ses Mémoires, Charles de Freycinet, alors ministre de la Guerre, se demande : « S'il s'était porté sur l'Élysée à la tête de la Ligue des patriotes et suivi du flot de ses partisans, qui peut bien dire qu'il n'eût pas balayé les obstacles ? » Le ministère de l'Intérieur était désert, une bonne partie de la police et de la garde républicaine étant gagnée au général. Quant aux soldats, ils idolâtraient celui qui avait été leur chef. Mais c'était sans compter avec la maîtresse du général, son égérie, sa muse, Marguerite de Bonnemains. Cette dernière lui fit promettre de ne « rien commettre d'irréparable » et il suivit son conseil. Sans doute était-ce une sage décision, car il n'était pas assuré du succès. En outre, il n'était pas taillé pour pareille audace. Comme le lui avait lancé le républicain Charles Floquet lors d'un débat à la Chambre : « À votre âge, Monsieur le général Boulanger, Napoléon était mort ! » À une destinée historique, il avait préféré les bras blancs de la douce Marguerite.

Avec ses yeux bleus, sa barbe bien taillée et sa prestance de militaire, Boulanger plaisait beaucoup aux femmes, depuis toujours. Le caractère un peu froid, étriqué et bigot de sa femme Lucie, un beau parti qu'il avait épousé en 1865, ne suffisait pas à combler ses appétits de conquête et de plaisir. Commandant de la 14e brigade de cavalerie de Valence, en 1880, il faisait tourner les têtes des dames de la bonne société drômoise. « Ma femme ne m'était plus rien, dira-t-il plus tard pour justifier les désordres de sa vie amoureuse… Dans ces conditions, il fallait bien que je cherche ailleurs. » Il avait donc cherché et trouvé la jeune et jolie comtesse Sophie de Trêmes, qui fit scandale en montant à cheval comme un homme, à califourchon, et en traitant son mari de « cocu ». Par temps de neige, ils se réfugiaient dans le pavillon de chasse du grand-père de la belle, étendus toute la nuit sur des coussins moelleux, et partaient galoper au petit matin comme des amants romantiques. Puis il y en eut d'autres, beaucoup d'autres, au gré de ses affectations. Nommé en 1882 directeur de l'Infanterie au ministère de la Guerre, il commença une liaison avec Andrée, une jeune employée des postes, qu'il rencontrait secrètement, parfois dans sa voiture, parfois même dans l'église Sainte-Clotilde où elle l'attendait des heures durant. Promu en 1884 commandant en chef des troupes françaises en Tunisie, il lui écrivait des lettres enflammées et sensuelles : « Au moment où je te tiendrai dans mes bras, tu comprendras à quel point je te désire. Je prends aujourd'hui par la pensée tous les baisers de feu que je prendrai alors sur ton joli corps. Si tu savais l'effet que cela me produit. Le devines-tu[14] ? » Il écrivait aussi à une certaine Juliette

Pourpre, une mère maquerelle dont il avait fréquenté la maison et le lit. Lorsqu'il fut nommé ministre de la Guerre en janvier 1886, l'entremetteuse patriote disposa dans sa chambre à coucher un drapeau tricolore brodé aux initiales du général. Il fréquenta des femmes du monde, telle la comtesse Julie de Montigny, ou du demi-monde, telle Suzanne Reichenberg, vedette de la Comédie-Française, en l'honneur de laquelle le chef Auguste Escoffier avait inventé les crêpes « Suzette ». D'autres, plus anonymes, se disputaient les faveurs du général, qui recevait par dizaines des lettres d'admiratrices. L'une d'elles, manifestement très éprise, lui envoya même la toison de sa plus tendre intimité. Mais c'était peine perdue car il venait de rencontrer le grand amour, sa Marguerite.

Il fit sa connaissance chez une amie commune, la comtesse de Saint-Priest, qui comptait le séduire afin d'obtenir une promotion pour son mari. Par jeu, elle avait invité Marguerite, qui professait des opinions monarchistes et se piquait d'exécrer ce ministre tapageur et républicain. Las, telle fut prise qui croyait prendre car la jolie vicomtesse de Bonnemains tomba instantanément sous le charme du brave général. Ce dernier fut d'ailleurs lui aussi fasciné par l'élégance de cette jeune femme au joli visage ovale, aux longs cheveux relevés en chignon et à la gorge pleine, rehaussée par la robe de velours noir qu'elle portait en deuil de son beau-père, le général de Bonnemains. Mal mariée très jeune au fils du général, un cavalier cavaleur dont elle était séparée depuis longtemps, cette petite-fille et fille d'officier ne pouvait que succomber au charme viril du premier soldat de France, bien qu'il eût vingt-deux ans de plus qu'elle. « Depuis que je la connais, je ne me reconnais plus moi-même, je l'aime éperdument, je l'aime autant qu'il est possible à un homme d'aimer », confia un peu plus tard le général quinquagénaire à son amie Marie Quinton, dite « la Belle Meunière », qui tenait à Royat, près de Clermont-Ferrand, l'auberge des Marronniers où les deux amants se retrouvèrent plusieurs fois[15]. À Paris, c'est dans le petit nid d'amour que Marguerite acheta rue du Faubourg-Saint-Honoré, que le général passa désormais tous ses moments de liberté. On était à deux pas de l'Élysée, mais aux antipodes du pouvoir.

Quel rôle exact joua Marguerite dans le refus du coup d'État du 27 janvier 1889 puis dans la fuite rocambolesque du général, le 1er avril suivant ? Se croyant sous la menace d'une inculpation imminente au prétexte d'un complot qu'il aurait ourdi contre la République, Boulanger s'enfuit au petit matin par la gare du Nord, direction Bruxelles et l'exil. Engoncé dans un pardessus gris, un feutre enfoncé sur les yeux, il était bien sûr accompagné de Marguerite, le visage dissimulé sous une voilette. Contrairement à tous les conseillers du général, qui considéraient cette fuite comme un absurde aveu de culpabilité, la jeune femme avait beaucoup insisté pour que son amant aille se mettre à l'abri en Belgique. « Boulanger, qui n'aurait dû quitter Paris qu'avec des larmes sur les joues, se sentit heureux de faire ce sacrifice à sa maîtresse », écrivit Maurice Barrès, l'un des proches du général à l'époque[16]. Et comme l'avait prédit son entourage, ce fut une énorme erreur politique, car aussitôt Boulanger fut présenté comme un coupable et comme un lâche, exactement l'inverse de ce qu'il prétendait incarner. « La fuite de Boulanger, c'est la débâcle inévitable de toutes les espérances boulangistes », se lamenta Marie Quinton. Ce fut le début de la fin, marqué par la condamnation par contumace du général pour complot contre la sûreté de l'État, le 14 août 1889, puis par l'échec cuisant de ses candidats aux élections générales de septembre-octobre, et surtout par la disparition tragique de Marguerite, décédée d'une pleurésie le 16 juillet 1891, à l'âge de 35 ans. « Je ne suis plus qu'un corps sans âme », écrivit-il au lendemain de la mort de sa maîtresse. Et le 30 septembre suivant, après avoir déposé comme chaque jour des roses sur la tombe de Marguerite, le général Boulanger se tira une balle dans la tempe droite et mourut sur le coup. Sous sa chemise ensanglantée, on trouva une mèche de cheveux et une grande photo de la jeune femme, qu'il rejoignait dans l'au-delà. Au faste de l'Élysée, il avait préféré le grand amour.

Sadi Carnot disparut lui aussi tragiquement trois ans plus tard, d'un coup de couteau au foie qui lui fut porté lors d'un défilé à Lyon par le jeune anarchiste italien Sante Geronimo Caserio, le 24 juin 1894. Son successeur à la présidence, Jean Casimir-Périer, républicain modéré comme lui et richissime héritier des mines d'Anzin, quitta lui aussi prématurément l'Élysée au bout de six mois, incapable de supporter la pression du pouvoir et les critiques de ses adversaires. Un rapport de police se fit l'écho d'une rumeur lui attribuant une liaison avec une demi-mondaine, actrice à ses heures, et prétendant que sa démission aurait été liée à une explication orageuse avec son épouse. Mais rien de probant ne permettait de confirmer cette hypothèse, tandis que l'on savait Casimir-Périer excédé par le manque de pouvoir de la fonction présidentielle et par les résistances que lui opposaient les ministres du gouvernement Dupuy. Un an après son départ de l'Élysée, un autre rapport de police le désignait parmi les clients assidus d'une nommée Berthe Mailley, dont la maison close, rue Taitbout à Paris, procurait « à une certaine clientèle aristocratique des artistes et même des jeunes filles[17] ». Mais il se fondait sur des rumeurs qu'aucune preuve ne vint étayer. En revanche, il est prouvé que Félix Faure, qui succéda à Casimir-Périer le 17 janvier

1895, aimait les femmes plus que de raison… au point d'y perdre la vie.

Il se croyait César…

Celui que l'on surnommait « Félisque Ier », ou « le président Soleil », s'était en effet distingué depuis le début de sa présidence par son goût du faste et des jolies femmes[18]. Discrètement, pour ne pas choquer la pudibonderie de l'époque, mais assidûment sans doute, ce fringant quinquagénaire aux tempes grisonnantes recevait à l'Élysée ou ailleurs courtisanes et actrices, au point que son maître d'hôtel s'en offusquait : « Il en venait sans cesse », disait-il, non sans exagération. Parmi ses conquêtes, on parle de la jeune et brillante comédienne Cécile Sorel, qui avait triomphé au début de sa carrière dans la pièce *Madame Sans-Gêne* de Victorien Sardou. Mais rien ne prouve que la future sociétaire de la Comédie-Française, courtisée à l'époque par le richissime Américain Whitney Warren, ait cédé aux avances du chef de l'État. En revanche, il est certain que ce dernier entretint à partir de 1897 une liaison avec une certaine Marguerite Steinheil, dite « Meg », dont le mari complaisant se piquait d'être peintre, et gagnait sa vie en exécutant quelques fresques et en restaurant des vitraux. Née Marguerite Japy en 1869, d'une famille de riches industriels protestants, elle avait épousé très jeune Adolphe Steinheil, de vingt ans son aîné et dont elle fut quelque temps le modèle. Puis, elle s'était lassée de son médiocre époux et, aspirant à une vie mondaine, elle avait ouvert dans leur villa « Le Vert Logis », au n° 6 bis de l'impasse Ronsin, proche de Montparnasse, un salon bientôt fréquenté par le Tout-Paris. Émile Zola, Charles Gounod, François Coppée et beaucoup d'autres y venaient régulièrement. Ambitieuse et délurée, elle passa tour à tour dans les bras de différents amants influents et généreux, qui lui obtenaient des commandes de tableaux pour Adolphe. Ce fut d'ailleurs le cas pour Félix Faure, auquel le couple Steinheil fut présenté lors d'un séjour à Chamonix et qui passa la commande officielle d'une toile monumentale intitulée *La remise des décorations par le président de la République aux survivants de la redoute brûlée*. De ce fait, le président eut une bonne raison pour fréquenter « Le Vert Logis » et surtout la belle Marguerite, qui prit l'habitude de le rejoindre régulièrement à l'Élysée.

C'est ainsi que, le 16 février 1899, elle vint le visiter vers 17 heures après qu'il eut reçu l'archevêque de Paris François-Marie-Benjamin Richard et le prince Albert Ier de Monaco, venus intercéder en faveur de la révision du procès du capitaine Dreyfus. Il semble que cette longue entrevue l'ait passablement énervé et fatigué, car il n'était pas favorable à cette révision, violemment combattue par toute une partie de la droite française. La thèse officielle présentée à la presse fut qu'il s'était retiré dans son bureau pour consulter des dossiers et que le secrétaire général de la présidence Le Gall l'en avait vu sortir vers 18 heures, le teint blême et s'écriant : « Le Gall ! Le Gall ! Je suis très malade… Je vous assure, je suis très malade ! » Bien sûr, il ne fut pas question de la jeune femme qui venait de passer avec lui quelques minutes galantes dans le salon d'Argent ni des aphrodisiaques, notamment la cantharidine, dont Félix Faure avait coutume de faire usage avant chaque visite de sa maîtresse. En réalité, ce sont les cris de cette dernière qui auraient alerté Le Gall, lequel s'était précipité pour découvrir le président allongé sur un divan du salon, à moitié dévêtu, tandis que Marguerite, la chevelure en désordre, réajustait ses vêtements froissés. Et tandis que l'on évacuait discrètement la jeune femme par une porte dérobée, Blondel, le secrétaire particulier du président, lui faisait respirer de l'éther, puis plusieurs médecins s'étaient succédé au chevet du malade. En vain, car le président, entouré de sa femme, de sa fille et du président du Conseil Charles Dupuy, s'éteignit vers 22 heures, victime d'une « congestion cérébrale » comme on disait à l'époque.

Mais très vite, la rumeur se répandit que le président était parti dans les bras de sa maîtresse. On racontait sur les boulevards ce dialogue savoureux entre un huissier de l'Élysée et l'abbé Renault, vicaire de l'église de Saint-Philippe-du-Roule, venu donner l'extrême-onction au mourant. « Le président a-t-il sa connaissance ? », aurait demandé l'homme d'Église. « Non, monsieur l'abbé, on l'a fait sortir par la petite porte », aurait répondu l'huissier. Dans son édition du 22 février 1899, le quotidien anarchiste *Le Journal du peuple* écrivait : « Nous pouvons affirmer qu'il n'a pas été empoisonné, mais qu'il est mort pour avoir trop sacrifié à Vénus, en marge du code de cette morale officielle dont il était le plus haut représentant. Nous connaissons le nom et l'adresse de la jeune personne qui jouissait des faveurs présidentielles. Nous la désignerons, si vous le voulez bien, sous l'initiale peu transparente de Mme S. » Huit jours plus tard, la même feuille s'indignait : « Félix Faure pouvait vivre sa vie comme il l'entendait. Mais pourquoi masquer ce qu'on appelle Morale sous l'Immoralité ? Pourquoi la tartuferie de l'acte sous l'hypocrisie du décor et du verbe ? Pourquoi l'austérité des lois en façade et l'Anarchie dans la boutique ? Et pourquoi cette Anarchie accordée aux grands et refusée aux petits ? » Pour mieux frapper l'imagination de ses lecteurs, le journaliste mettait en balance la fin de l'ancien président Sadi Carnot, assassiné en juin 1894 par un anarchiste, et celle tragi-comique de Félix Faure, décédé en épectase : « Le premier est mort, frappé du coup mortel insaisissable et invincible que donne l'amour de l'anarchie. Le second est claqué, vidé, comme à la suite d'une orgie bourgeoise, dans l'anarchie de l'amour. » La rumeur évoqua une caresse très intime de Meg Steinheil, qui en aurait oublié sur place son corset et fut gratifiée par les chansonniers du surnom gracieux de « Pompe funèbre ». D'où ce commentaire de Georges Clemenceau, qui détestait Félix Faure : « Il se croyait César, il n'était que Pompée. » Et, le jour des funérailles, il aurait ajouté : « Félix Faure est retourné au néant. Il a dû se sentir chez lui. » Les boutades successives de Clemenceau, qui était coutumier du fait, sont cependant loin d'être anodines en ce qui concerne la disparition du « président Soleil ». Comme lui, les adversaires de Félix Faure reprochaient à ce dernier de n'avoir rien fait pour obtenir la révision du procès inique qui avait abouti à la condamnation de l'innocent capitaine Dreyfus. C'était sa faute, ce serait la croix qu'il porterait à jamais devant la postérité et devant l'histoire ! En revanche, personne n'aurait songé à lui faire grief de ses escapades amoureuses avec Meg Steinheil, et l'on souriait au contraire des circonstances particulières de sa mort. C'était gaulois, c'était grivois, c'était follement Belle Époque ! D'ailleurs, cent vingt ans plus tard, il semble que le romancier Michel Houellebecq ait trouvé l'anecdote suffisamment piquante pour demander instamment à ceux qui lui faisaient visiter l'Élysée de se faire photographier avec sa compagne sur la banquette du salon d'Argent où Félix Faure avait naguère perdu sa connaissance.

Le Tigre et les femmes

Bon nombre des congénères politiques du président Faure se plaisaient en la compagnie des demi-mondaines, à commencer par son adversaire Georges Clemenceau. Le sobriquet de « Tigre », justifié par ses attaques mordantes contre ses adversaires politiques, pouvait tout aussi bien s'appliquer à ses habitudes de grand prédateur auprès des dames, qu'elles soient du grand monde ou du demi-monde des actrices qu'il aimait fréquenter[19]. Son épouse américaine, la belle Mary Plummer, en fit la cruelle expérience, elle qu'il avait épousée à la hussarde en 1869 après avoir été son professeur dans une école pour jeunes filles de Stamford, dans le Connecticut. Il obligea cette pieuse nièce de pasteur à se passer d'un mariage religieux et à venir le rejoindre en France, où il ne tarda pas à la tromper allègrement.

De la vie amoureuse de Clemenceau, on ne sait pas grand-chose de précis, car il n'était pas du genre à exhiber son tableau de chasse. « L'amour ni ses liaisons ne semblent jamais avoir empiété sur son "moi politique" et ses obligations innombrables », écrit l'un de ses biographes, Michel Winock[20]. En cela, il est caractéristique de son époque, où les intimes des hommes de pouvoir étaient soit des mères de famille soit des courtisanes, mais bien peu des femmes d'influence. Encore faut-il préciser que Clemenceau, plus que tout autre grand politique, appréciait la compagnie des femmes d'esprit, de talent ou de combat. Il fut notamment l'ami de Louise Michel, rencontrée lors du siège de Paris, de Clémence Royer, elle aussi pionnière de l'émancipation féminine, de Marguerite Durand, qui fonda le quotidien *La Fronde*, premier journal écrit par des femmes, de Caroline Rémy, dite « Séverine », une autre journaliste de renom, de la poétesse Anna de Noailles, ainsi que de la grande actrice Sarah Bernhardt. À cette dernière, il écrivit en juillet 1890 ce billet délicieusement ambigu, alors qu'elle venait de partir jouer à Londres : « Si là-dessus vous me boudez, je bois la ciguë. Et ce sera bien fait pour vous. Il ne vous restera plus que des amis, ce qui n'est rien… Qui vous aimera, sans vous aimer, tout en vous aimant ? Qui est-ce qui sera sincèrement contradictoire ? Non, rendez-moi à la vie. Vous vous épargnerez une heure de regrets et je souffrirais trop de ne plus souffrir. » Ce marivaudage galant était bien dans la veine de ce dandy séducteur, coqueluche des salons cultivés. Avant qu'elle ne vire antidreyfusarde sous l'influence de son amant Jules Lemaître, il avait fréquenté celui de la comtesse de Loynes, dont, nous dit Léon Daudet, il animait « les dîners de sa verve inépuisable ». Il fut surtout un assidu du salon républicain de Pauline Ménard-Dorian, fille de ministre et femme de député, et où se retrouvaient écrivains et artistes comme Émile Zola, Léon Daudet ou Auguste Rodin en compagnie des plus grands noms de la politique. Racontant une soirée dans ce salon réputé, en mars 1884, Léon Daudet évoque Clemenceau accompagné d'une « belle artiste aux longs bras, au corps onduleux, aux attitudes classiques, aux baisers ardents ». Parmi les dizaines de liaisons prêtées au Tigre, il est bien difficile de savoir à laquelle il est ici fait allusion. Sans doute à l'une des trois qui vont suivre.

La première maîtresse de prestige attribuée à ce grand séducteur fut Léonide Leblanc, que nous avons déjà rencontrée au moment du second Empire lorsqu'elle était courtisée par Napoléon III et surtout par le duc d'Aumale, fils de Louis-Philippe. Parmi les nombreuses anecdotes qui couraient sur elle, on racontait son voyage en train dans le wagon de première classe de Paris à Chantilly, où elle allait rejoindre son protecteur. Assise au milieu de trois femmes du monde qu'elle entendait pérorer sur leur familiarité avec le duc, l'une d'elles se réjouissant de déjeuner bientôt avec lui, l'autre de prendre le thé et la troisième de l'inviter à dîner prochainement, elle attendit patiemment que le train entre en gare avant de leur lancer, avec son plus beau sourire : « Et moi, mesdames, je dors ce soir avec Son Altesse. » Le duc, vieillissant, fut son ultime soutien, jusqu'à son dernier souffle, bien qu'elle se plaignît parfois de son manque de générosité : « Ces Orléans, vous ne les connaissez pas, ils en sont restés aux prix d'avant 48 », disait-elle en soupirant. C'est la raison pour laquelle elle eut d'autres bonnes fortunes, banquiers, négociants et aristocrates russes, ce qui lui permit d'acquérir un magnifique hôtel particulier, rue de Prony, qui était considéré comme un monument de luxe et de bon goût. L'histoire ne dit pas si elle y reçut Clemenceau, et si ce dernier contribua à son enrichissement. Il n'est pas sûr qu'elle ait été plus qu'une amie.

Il s'intéressa ensuite à une autre actrice, Suzanne Reichenberg, pourtant spécialiste des rôles d'ingénue à la Comédie-Française. Elle valait le détour si l'on en croit la description qu'en donnait Théophile Gautier au lendemain de ses débuts sur les planches : « Mlle Reichenberg a une délicieuse figure fine et candide où l'esprit brille à travers l'innocence. Ses cheveux blonds s'harmonisent avec son teint rosé et blanc, qui ne doit rien au blanc de perles ni au fard ; elle a des yeux bleus pleins de lumière et de douceur, un sourire d'une grâce enfantine, et dans la voix cette fraîcheur argentée de la jeunesse qui plaisait tant à Jean-Jacques Rousseau. Ses proportions sont mignonnes et délicates comme celles de la Psyché de Canova. » Comme on l'a dit plus haut, la jeune femme fut aussi la maîtresse du général Boulanger, qui d'ailleurs devait sa promotion au ministère de la Guerre à l'influence de

Clemenceau. Patriote, cette fille d'un tailleur hongrois et d'une Picarde avait servi comme infirmière lors du siège de Paris en 1870. Elle triompha sur les scènes parisiennes jusqu'en 1900, date à laquelle elle épousa le baron de Bourgoing, couronnement de sa carrière. Nul doute que Clemenceau, grand amateur de théâtre, avait su apprécier l'étendue de son talent.

De même pour la cantatrice Rose Caron qu'il rencontra sans doute plus tard, aux alentours des années 1900, alors que cette jolie brune élancée, célèbre dans toute l'Europe, égérie de Giuseppe Verdi et d'autres compositeurs de renom, s'éloignait peu à peu des planches pour enseigner au Conservatoire national de Paris. Corrigeant ce que Léon Daudet considérait comme « la longueur un peu étirée de ses jambes et de ses bras par une lenteur savante de leurs déplacements harmonieux », elle avait tenu les plus grands rôles : Elsa dans *Lohengrin* de Wagner, Salammbô dans l'opéra éponyme de Ernest Ryer ou Marguerite dans le *Faust* de Gounod. Divorcée en 1886 d'un pianiste dont elle avait néanmoins gardé le nom, elle fut alors la maîtresse de Théophile Delcassé, devenu l'inamovible ministre des Affaires étrangères de la France de 1898 à 1905. Mais sa liaison avec Georges Clemenceau fut semble-t-il plus profonde et plus durable, au point qu'elle devint une sorte d'amie et même de conseillère au lendemain du premier conflit mondial. Elle disputait ce rôle à la comtesse d'Aunay, née Sarita Kimball Verdan, fille du général américain Hiram Berdan, et mariée à Charles-Marie d'Aunay, qui fut notamment ministre plénipotentiaire à Stockholm puis Copenhague, et sénateur de la Nièvre jusqu'à sa mort. Bien qu'il fût un grand ami de ce dernier, Clemenceau eut une véritable relation amoureuse avec Sarita, femme cultivée et intelligente, avec laquelle il entretint une correspondance régulière jusqu'à sa mort. Il veilla par ailleurs sur la carrière du comte d'Aunay, le faisant nommer ambassadeur à Berne en 1907, ce qui fut le couronnement de son parcours diplomatique.

Mais s'il aimait fréquenter les femmes de tête et d'esprit comme la comtesse d'Aunay, le Tigre conservait une vision du couple plus que traditionnelle, confinant à la cruauté. Pendant qu'il batifolait à Paris, courant les salons mondains et les coulisses des théâtres, sa pauvre épouse Mary se morfondait dans leur manoir vendéen, puis à Paris après la Commune, en élevant leurs trois enfants. Un jour de 1891, la jeune femme, lassée d'être ainsi mise à l'écart, accepta un rendez-vous avec le répétiteur des enfants, un jeune normalien qui lui faisait une cour assidue. Clemenceau, en mari outragé, fit dresser un constat d'adultère, en bonne et due forme, et la fit aussitôt accompagner à la préfecture de police. Menacée d'être enfermée dans la prison pour femmes de Saint-Lazare, elle accepta sur-le-champ le divorce qui lui était proposé. Il la fit reconduire *manu militari* à Boulogne, où elle fut embarquée, en troisième classe, sur un vapeur hollandais en partance pour Boston. Au terme de la procédure de divorce, en mars 1892, elle perdit la garde des enfants. Elle revint vivre en France quelques années plus tard, devenant guide et écrivant pour des magazines américains, mais restant bannie de la famille Clemenceau. Des soldats américains, venus la visiter pendant la guerre, racontèrent qu'elle avait installé dans son petit appartement parisien un véritable autel dédié aux articles et aux photographies de son illustre époux, qui l'avait pourtant si durement traitée. Elle mourut seule, le 13 septembre 1922. Clemenceau l'annonça ainsi à son frère Albert : « Ton ex-belle-sœur a fini de souffrir. Aucun de ses enfants n'était là. Un rideau à tirer. » Ce ne fut pas la partie la plus glorieuse de son exceptionnelle destinée.

En revanche, on ne peut qu'être profondément ému par le dernier grand amour de sa vie. C'est en effet à la fin de l'année 1923, alors qu'il avait déjà 82 ans, que le Tigre fit la connaissance de Marguerite Baldensperger, de quarante-deux ans sa cadette, qui était l'éditrice de sa biographie très personnelle de Démosthène, publiée chez Plon. Leur rencontre produisit l'effet d'une double résurrection car le vieil homme avait perdu le goût de se battre et la jeune femme celui de vivre, sa fille ayant disparu quelques mois plus tôt. Lors de leur troisième entrevue, il lui dit : « Mettez votre main dans la mienne. Je vous aiderai à vivre, vous m'aiderez à mourir, c'est notre pacte. » Et c'est ainsi que l'octogénaire bougon et revenu de tout connut une nouvelle jeunesse en écrivant à son amoureuse presque chaque jour jusqu'à la fin, pas moins de 668 lettres passionnées qui lui tenaient lieu de journal intime. Conservées par la jeune femme, qui pourtant avait promis de les brûler, elles révèlent un Clemenceau surprenant, attentif et plein de tendresse, mais toujours à l'écoute du monde et de ses grands enjeux. À Marguerite, comme à son meilleur ami, le peintre Claude Monet, disparu en décembre 1926, il écrit ses impressions quotidiennes, son goût de la nature vendéenne toujours renouvelé. À défaut d'érotisme, il trouve pour Marguerite des accents lyriques : « Je vous vois dans les airs comme ces fusées qui éclatent en étoiles multicolores. Oserais-je vous demander de garder, s'il est possible, quelques étincelles pour mon retour ? Moi j'envoie tout un incendie de pensées. » Ou encore : « Très belle Dame et plus que charmante amie, vous êtes en or décidément. Je vous vois en or bleu, le plus rare de tous, avec des reflets de gris perle et de vert tendre qui se jouent dans les détours de vos yeux. » À ceux qui le croyaient sans cœur, le Tigre prouva sur le tard qu'il pouvait être un amoureux transi.

Son aîné Émile Combes avait lui aussi éprouvé les tourments de la passion à un âge respectable, en 1903, alors qu'il était président du Conseil. Alors âgé de 68 ans et marié depuis plus de quarante ans, il succomba aux charmes d'une jeune femme qui avait la moitié de son âge, la princesse Jeanne Bibesco, aristocrate d'origine roumaine, et par ailleurs arrière-petite-fille du maréchal Ney. Cette jeune femme richissime et extrêmement pieuse avait fait construire sur ses propres deniers le carmel d'Alger, dont elle était la prieure, sous le nom de Mère Bénie de Jésus. C'est à ce titre qu'elle était venue solliciter du chef du gouvernement et ministre de l'Intérieur et des Cultes, l'autorisation nécessaire pour son couvent. Il y eut ce jour-là un coup de foudre totalement improbable entre « le petit père Combes », incarnation même de l'anticléricalisme radical, ancien séminariste devenu franc-maçon, et cette jeune femme mystique et exaltée. Leur amitié amoureuse nous est connue par les lettres de la prieure au ministre qui ont été conservées. On y apprend qu'elle revint le trouver place Beauvau à plusieurs reprises en ce mois de mai 1903 et que, dès son retour à Alger, elle se félicitait qu'une « force mystérieuse les ait providentiellement rapprochés ». Sincèrement éprise de cet homme qui aurait pu être son père, mais qui lui offrait son élévation d'esprit et sa délicatesse, elle lui proposa d'être sa « petit[e] oasis », « l'oreiller sur lequel s'endormiraient toutes ses angoisses », « l'excitant et le repos, le stimulant et le calmant ». De son côté, il lui écrivait : « Vous avez fait de moi un autre homme. » Elle l'autorisa à l'appeler par son prénom, Jeanne, une faveur réservée à lui seul, ils échangèrent leurs photos, et elle lui envoya même une mèche de ses cheveux. Ils se rencontrèrent secrètement à Barcelone en octobre 1903 mais personne ne sait dans quelles conditions. Lorsqu'elle revint à Paris, Émile lui fit rencontrer sa femme et leur relation reprit les rails d'une plus conventionnelle amitié. Mais il lui écrivait encore en janvier 1912 une lettre d'une rare intensité, évoquant « l'image d'une femme adorable que sa destinée et la mienne avaient préparée à son insu et au mien au rôle de consolatrice, qu'elle a si délicatement rempli ». Plus loin, il écrivait : « Dès qu'il est question de vous, mon cœur parlant, je le laisse parler sans même le mettre en garde contre les intempérances de ses effusions. » À cette époque, la princesse Jeanne avait déjà quitté le voile pour revenir à la vie laïque. Était-ce par amour pour celui qui avait transformé sa vie ?

La présidente et l'orang-outan

L'homme qui occupa l'Élysée en 1913, à la veille de la Première Guerre mondiale, n'était apprécié ni par Combes, qui le trouvait beaucoup trop conservateur, ni par Clemenceau, qui le méprisait souverainement. Pendant toute la durée de la guerre, Raymond Poincaré dut supporter les critiques acerbes que lui lançait Clemenceau dans les éditoriaux de son journal, *L'Homme enchaîné*, puis l'extraordinaire popularité de ce dernier, qu'il se résolut en novembre 1917 à appeler, sous la pression de l'opinion, à la présidence du Conseil. L'animosité entre les deux hommes n'était pas nouvelle, la plume acérée de Clemenceau s'étant trempée et retrempée dans l'encre du mépris envers son rival modéré : « Comme la plupart des jeunes prodiges, il n'a rien fait de prodigieux, bien que l'âge commence à grisonner ses tempes », écrivait-il déjà de Poincaré en 1902, fustigeant le manque de caractère de ce dernier, « un excellent mécanisme qui ne peut fonctionner faute de chaudières, pas de vapeur, beaucoup de freins[21] ». Adversaires en politique, le radical

Clemenceau et son *alter ego* conservateur auraient-ils été rivaux en amour, ou du moins en séduction ? Si l'on en croit son collaborateur Fernand Payen, le discret et guindé Raymond Poincaré était lui aussi à cette époque « un alerte ami des dames » qui se plaisait « en amicale et joyeuse compagnie ». À l'instar de Clemenceau, et de beaucoup d'autres ténors de la politique, il fréquentait les foyers des théâtres et les loges des actrices, notamment celles de la Comédie-Française, « sorte de cour où l'esprit et le luxe s'alliaient à la coquetterie », nous dit Boni de Castellane, surnommé à l'époque « le prince des élégances ». On prêta notamment au jeune Poincaré une liaison avec la ravissante actrice d'origine polonaise Wanda de Boncza, premier prix de comédie en 1894, et devenue une des reines du Tout-Paris. Lors d'un dîner qu'il avait donné en son honneur au restaurant du Pré Catelan, Boni de Castellane l'avait exhibée à la fenêtre afin de satisfaire quelques joyeux drilles un peu insistants : « À la vue de cette jolie personne, le vilain public se calma, rendant hommage à sa beauté. » On comprend que Poincaré, trentenaire auréolé de son portefeuille des Finances, ait succombé aux charmes de la jeune première qui stationnait, disait-on, de longues heures dans sa voiture devant le ministère. Les mauvaises langues racontaient aussi qu'elle semait les billets de banque de son puissant protecteur sur le tapis de la roulette au casino de Monte-Carlo. Lorsqu'elle disparut prématurément en 1902, âgée de 30 ans à peine, on dit aussi que Poincaré se consola avec d'autres liaisons élégantes venant du Théâtre-Français, ou avec d'autres moins mondaines. Selon ses biographes, il aurait même eu comme maîtresses la gouvernante de sa propriété de Sampigny, dans la Meuse, ainsi qu'une vendeuse à La Samaritaine que la voiture du ministre venait régulièrement chercher au magasin. Quant à Joseph Caillaux, autre étoile montante de la vie politique à la Belle Époque, il raconte dans ses Mémoires une anecdote significative sur le comportement de Poincaré, avec lequel il prit en 1903 le train de Paris à Rome, en compagnie de leurs « amies » respectives. « La mienne que je montrais, la sienne qu'il cachait », s'amuse Caillaux, ajoutant que Poincaré, beaucoup moins coincé qu'il n'y paraissait, aurait tenté de lutiner une femme de chambre de la Compagnie des wagons-lits qui lui avait retourné une paire de claques. L'incident les avait fait rire « à gorge déployée », conclut Caillaux, dont la muflerie n'avait d'égale que celle de son comparse.

Pourtant, à l'époque, « l'amie » de voyage de Poincaré était sans doute celle qui allait devenir sa femme en août 1904, Henriette Bazire. Les commérages racontaient qu'après avoir rencontré le futur président au cours d'un dîner chez le directeur des Postes, elle s'était arrangée pour le retrouver lors d'une croisière en Méditerranée puis qu'elle avait joué les gardes-malades à la suite de son opération de l'appendicite et qu'elle avait alors beaucoup intrigué pour se faire épouser. Les bonnes âmes la considéraient comme une véritable croqueuse d'hommes, car elle avait déjà été mariée deux fois, en 1883 avec un aventurier des affaires irlandais nommé Dominic Killoran, dont elle avait divorcé sept ans plus tard après qu'il s'était exilé aux États-Unis, puis en 1891 avec l'industriel Henri Bazire, qui était mort un an après. De la part d'un personnage aussi peu excentrique que Poincaré, ce mariage tardif reflétait un mépris surprenant des convenances sociales. Née Henriette Benucci, fille naturelle d'un cocher d'origine italienne, elle n'avait pas du tout le profil classique des épouses de grands politiques. Elle était non seulement doublement divorcée mais surtout elle avait déjà 46 ans, soit deux ans de plus que son époux, fait rarissime à l'époque. Comme son premier mari était encore vivant, elle dut se contenter en 1904 d'un mariage civil à la mairie du XVIIe arrondissement, et ce dans la plus stricte intimité, ce qui était là encore très inhabituel. C'était donc, à n'en pas douter, un mariage d'amour, mais Henriette Poincaré dut attendre le décès de Dominic Killoran pour avoir droit au mariage religieux, tandis que son Raymond obtenait la bénédiction du Saint-Siège. La cérémonie religieuse fut d'ailleurs célébrée secrètement le 5 mai 1913, quelques mois après l'élection à la présidence de Poincaré, dans leur appartement privé de la rue de Babylone, par le recteur de l'Institut catholique de Paris, Mgr Baudrillart, ami de lycée du nouveau chef de l'État. N'ayant pas d'enfants, les jeunes mariés quinquagénaires s'occupèrent des trois nièces d'Henriette. Celle-ci fut par ailleurs très active pendant la guerre, patronnant plusieurs œuvres caritatives de soutien au moral des troupes et des familles de mobilisés, créant à l'Élysée des ateliers chargés de préparer des colis à destination des soldats sur le front et donnant l'exemple aux « marraines de guerre ». Heureusement pour elle, la censure obligea la presse à passer sous silence un événement tragi-comique qui n'aurait pas manqué de susciter l'hilarité générale. En 1917, alors qu'elle se promenait dans le jardin du palais présidentiel, elle fut attaquée par un orang-outan échappé d'un cirque installé au rond-point des Champs-Élysées, qui se précipita sur elle et l'emporta à l'écart près d'un tilleul. Heureusement, ses cris avaient alerté les domestiques qui l'extirpèrent des bras velus de l'animal amoureux. Le grand public n'en sut rien, et Henriette resta dans l'histoire comme la digne et secourable épouse du président de guerre. Il en fut tout autrement pour la plus célèbre Henriette de l'époque, mariée quant à elle à un autre ténor politique évoqué plus haut, Joseph Caillaux.

L'honneur d'Henriette Caillaux

Leur liaison avait commencé en 1907, alors que Caillaux, alors ministre des Finances, venait à peine d'en épouser une autre : Berthe Dupré, née Gueydan. Jusqu'à cette époque, ce fringant célibataire avait multiplié les liaisons élégantes voire même tarifées. Dans ses Mémoires, son collègue Paul-Boncour racontait que la voiture à cocarde tricolore de Caillaux « séjournait parfois devant des maisons où demeuraient quelques-unes des charmantes femmes d'une époque heureuse ». Lorsqu'il avait rencontré Berthe Gueydan, il avait cru tomber vraiment amoureux. Mal mariée avec l'insignifiant Jules Dupré, chef de cabinet du ministre du Commerce et de l'Industrie Alexandre Millerand, Berthe était une femme séduisante et qui elle aussi était tombée en pâmoison pour le séduisant ministre des Finances. Ce dernier avait d'ailleurs fait attribuer une promotion au mari de sa maîtresse, nommé percepteur hors classe à Neuilly, en guise de compensation. Mais il semble que les feux de l'amour se soient assez vite éteints du côté de Caillaux, qui redoutait de se voir passer la corde au cou. Lorsque Berthe avait pu divorcer de Jules Dupré en 1904, il avait repoussé tant bien que mal la date du mariage, et c'est par devoir qu'il avait consenti à régulariser leur situation, le 25 août 1906, à l'âge de 43 ans. Et ce qui devait arriver arriva. Quelques mois à peine après ce mariage de résignation, il avait commencé une nouvelle liaison avec celle qui allait devenir l'amour de sa vie : Henriette Claretie. La jeune femme, aussi blonde et discrète que Berthe était brune et mondaine, correspondait beaucoup mieux aux attentes de Caillaux. Fille de l'architecte Henri Rainouard, elle avait épousé à 19 ans l'historien et romancier Léo Claretie, chroniqueur dans les plus grands journaux parisiens, et ils avaient eu ensemble deux enfants. Ils s'étaient rencontrés sans doute en 1904 chez le ministre de l'Intérieur Louis Barthou mais ce n'est qu'à la fin de l'année 1907 qu'était née entre eux « la passion décisive », si l'on en croit les lettres de Caillaux. « Cette ambitieuse, dira Berthe Gueydan, a tout de suite intrigué pour prendre ma place. » Et, de fait, Henriette avait divorcé de Claretie au printemps 1908 afin de pouvoir épouser le ministre, comme Berthe avait divorcé de Dupré quatre ans plus tôt. La liaison entre Joseph et Henriette resta néanmoins secrète jusqu'au 14 juin suivant, lorsqu'un valet de chambre apporta au ministre une lettre dont il reconnut immédiatement l'écriture et signée : « Ta Riri. » Berthe, qui était présente, s'aperçut de son trouble et exigea des explications. Il évoqua une machination de ses ennemis politiques, mais elle n'y crut qu'à moitié, et l'enquête à laquelle elle se livra pendant l'année qui suivit lui prouva qu'elle avait raison de s'inquiéter.

Le 14 juillet 1909, la fête nationale fut l'occasion d'une bruyante scène de ménage chez les Caillaux, et Joseph dut promettre à Berthe qu'il renonçait à sa fatale liaison. « J'ai toujours été inapte aux manœuvres sentimentales », avoua-t-il quelques années plus tard. Un mois après, en forçant le secrétaire de son mari, Berthe tomba sur plusieurs lettres entre les deux amants, dont une qui décrivait ainsi leur couple : « Il y a incompatibilité absolue de nature, de caractère, de tempérament entre elle et moi. La cassure est fatale ou je ne vois plus clair. Ce qui est pénible pour moi, ce qui sera pénible pour nous deux, c'est que, durant de longs mois, nous devrons avoir recours à d'infinies précautions. Solution médiocre, me diras-tu ? Soit, ma Riri. La vie n'est pas aisée à conduire quand on a tant de choses à ménager, et une à laquelle je tiens par-dessus tout : la réputation de la femme que j'adore. » S'ensuivit évidemment une nouvelle scène de ménage, qui conduisit Joseph à promettre de ne plus revoir Henriette, en échange de quoi Berthe acceptait de brûler les lettres compromettantes. « Ma chère Berthe, écrivit-il, je te remercie profondément de l'acte de haute générosité que tu viens de faire en brûlant devant moi, aujourd'hui, 5 novembre 1909, les lettres que Mme. X. m'adressait et que je lui ai écrites. Je te promets que tous mes efforts tendront à faire disparaître jusqu'au souvenir des cruelles semaines que je t'ai fait passer. » Mais en réalité, la méfiante Berthe Caillaux avait fait photographier la correspondance incriminée, ce que son mari ne tarda pas à apprendre. Après sa réélection comme député de la Sarthe, en juin 1910, il quitta le domicile conjugal de la rue Pierre-Charron et demanda le divorce, prononcé à ses torts, le 9 mars 1911. C'est ainsi qu'il put épouser Henriette, sept mois plus tard, à la mairie du VIIIe arrondissement, alors que, président du Conseil, il était au sommet de sa gloire. À titre de dédommagement, il dut néanmoins verser à Berthe un capital de 210 000 francs et lui servir une rente annuelle de 18 000 francs. Moyennant quoi, il obtenait que les pièces photographiées soient désormais brûlées une fois pour toutes en présence d'un notaire. Mais la vindicative Berthe en avait gardé de nouveau des doubles, se promettant de les utiliser.

L'heure de la vengeance sonna pour elle en décembre 1913, lorsque Joseph Caillaux redevint ministre des Finances dans le gouvernement de Gaston Doumergue. Il fut alors aux prises avec une campagne de presse d'une violence exceptionnelle, menée par Gaston Calmette, le directeur du journal *Le Figaro*. Ce fut une campagne véritablement acharnée, puisque Calmette rédigea lui-même la plupart des quelque 138 articles publiés contre Caillaux dans les trois mois qui suivirent. Il est possible que le directeur du *Figaro* ait été « alimenté » par Aristide Briand et Louis Barthou, qui voulaient la perte de Caillaux. Les attaques portant d'abord sur ses liens étroits avec le monde des affaires, il fut question de trafic d'influence, de détournement de fonds publics et de clientélisme. Tout était faux, ou du moins exagéré. Puis il fut reproché à Caillaux d'avoir protégé un escroc du nom de Rochette, client de son ami avocat, Me Maurice Bernard. Puis, l'édition du 13 mars 1914 fit basculer l'affaire Caillaux dans le drame. Sous le titre « Un document foudroyant », Calmette publia une lettre signée « Ton Jo » adressée à Berthe Gueydan le 15 juillet 1901, au sortir d'un débat parlementaire sur l'impôt sur le revenu : « J'ai remporté un très beau succès, écrivait-il. J'ai écrasé l'impôt sur le revenu, en ayant l'air de le défendre. Je me suis fait acclamer par le centre et par la droite et je n'ai pas trop mécontenté la gauche. » Cette missive accablante, qui semblait prouver la duplicité de Caillaux, avait bien sûr été confiée à Calmette par Berthe, avide de vengeance. Elle fut publiée en fac-similé, avec un portrait dédicacé de Caillaux pour en authentifier la signature. Mais ce qui mit littéralement le feu aux poudres fut le nouvel éditorial de Calmette dans *Le Figaro* du 16 mars, évoquant les « imprudentes correspondances » du ministre, comme s'il s'apprêtait à publier de nouvelles lettres intimes. Certaines d'entre elles étaient plus qu'embarrassantes, comme ce billet coquin de Caillaux à Henriette : « Ma Riri bien-aimée… mille millions de baisers sur ton petit corps adoré… Si je n'écoutais que mon cœur, je dirais à ma Riri de s'arrêter au Mans… Elle verra son petit Caillaux mardi et il s'efforcera de lui consacrer un long temps. » C'est pourquoi, après avoir lu l'article de Calmette, Caillaux se rendit à l'Élysée pour demander de l'aide à son vieux camarade Raymond Poincaré, qui avait été le témoin d'Henriette à leur mariage. Mais le chef de l'État, « sec comme de la pierre ponce », se contenta de l'écouter sans la moindre parole de réconfort. Il promit simplement d'en parler à Maurice Bernard, l'avocat de Rochette, ce qui n'était sans doute pas la meilleure solution.

Impassible, Caillaux assista ensuite au Conseil des ministres, sans que personne ne puisse deviner ses émotions. Puis il déjeuna avec Henriette, venue le chercher au ministère des Finances et qu'il s'employa à rassurer. En le quittant, elle se rendit toutefois chez l'armurier Gastinne Renette pour faire l'achat d'un petit pistolet automatique qu'elle essaya au stand, avant de passer au Crédit Lyonnais retirer quelques documents de son coffre. Rentrée chez elle, elle laissa une lettre à son mari : « Tu m'as dit que tu casserais la gueule à l'ignoble Calmette. J'ai compris que ta décision était irrévocable. Mon parti à moi fut alors pris : c'est moi qui ferai justice. La France et la République ont besoin de toi. C'est moi qui commettrai l'acte. » En fin d'après-midi, elle se fit conduire à la direction du *Figaro* dans la limousine avec chauffeur de son mari, dont elle avait fait retirer la cocarde ministérielle. Portant une jaquette de karakul assortie à sa robe de satin noir et une toque à aigrette, elle avait les mains enfouies dans un manchon à fourrure dans lequel elle avait dissimulé son arme. Calmette étant absent, elle l'attendit près d'une heure dans l'antichambre. À 18 heures, le directeur du *Figaro* arriva avec l'écrivain Paul Bourget et accepta de la recevoir dans son bureau, par galanterie, en coup de vent. Mais c'est de coups de feu qu'il fut question, six balles tirées à bout portant sur Calmette, dont deux qui firent mouche, perforant l'artère iliaque au niveau de l'intestin. Les employés du journal découvrirent leur directeur agonisant, tandis qu'Henriette Caillaux, livide, bredouillait : « Il n'y a pas de justice en France. C'était le seul moyen d'en finir. » Installé dans un fauteuil, Calmette eut le temps de murmurer : « J'ai fait mon devoir. Ce que j'ai fait, je l'ai fait sans haine. » Transporté à la clinique du docteur Hartmann de Neuilly-sur-Seine, il mourut sur la table d'opération. Quant à Henriette, elle reconnut les faits devant le commissaire, expliquant qu'elle voulait lui donner une leçon et espérant ne pas l'avoir trop gravement blessé. Elle fut écrouée à la prison Saint-Lazare puis renvoyée en cour d'assises sous l'inculpation d'homicide volontaire avec préméditation.

On imagine le scandale ! La femme d'un ministre, l'une des personnalités les plus en vue de la vie politique française, était une meurtrière ! Les gazettes s'en donnèrent à cœur joie, tandis que Caillaux préparait activement la défense de sa femme. Il semble d'ailleurs qu'il ait usé de toute son influence pour que le procès, commencé le 20 juillet 1914, se déroule dans les meilleures conditions possibles, jusqu'à « faire » la salle en payant des comparses pour huer les témoins à charge. Ce fut un procès mondain et très politique, où vint déposer le président de la République Raymond Poincaré et où Caillaux était l'accusé autant que sa femme. Après la déposition fielleuse de Berthe Gueydan, qui fit lire les lettres des deux amants à la barre, puis le réquisitoire sévère du bâtonnier Chenu, qui réclamait cinq ans, Henriette Caillaux fut néanmoins sauvée par la plaidoirie très habile de Me Henri Laborit, l'ex-avocat du capitaine Dreyfus. Jouant habilement sur des stéréotypes encore bien ancrés à l'époque, il convainquit le jury que le crime n'était pas le fait d'un acte mûrement préparé mais d'un réflexe féminin incontrôlé, transformant le crime prémédité en crime passionnel. Puis il conclut en rappelant que l'heure n'était pas à la vengeance personnelle mais au pardon collectif, car « la guerre est à nos portes[22] ». Et c'est ainsi qu'Henriette Caillaux fut acquittée le 28 juillet 1914, le jour même où l'Autriche-Hongrie déclarait la guerre à la Serbie, premier acte d'un enchaînement fatal qui allait conduire au premier conflit mondial.

4

Le temps des égéries, de Deschanel à Daladier

La société de l'entre-deux-guerres avait perdu la légèreté de la Belle Époque. À l'Élysée comme dans les allées du pouvoir, l'érotisme n'était plus de mise et les puissants mettaient un point d'honneur à garder leurs distances avec l'univers des plaisirs. La gravité des temps, marqués par le traumatisme du premier conflit mondial et par l'émergence de nouveaux périls, imprégnait les comportements amoureux des élites. À la sensualité éclatante des voluptueuses courtisanes qui avaient tenu le haut du pavé au XIXe siècle, les hommes politiques en vue semblaient désormais préférer la compagnie de femmes de tête, qui ne soient pas que des trophées exhibés au théâtre ou dans les salons. « Il faut en prendre ton parti, maman. Depuis la guerre nous sommes toutes devenues, plus ou moins, des garçonnes ! », s'exclamait Monique Lerbier, l'héroïne du roman de Victor Margueritte, qui avait fait scandale lors de sa parution en 1922. Ce n'était évidemment qu'un phénomène limité à quelques élites, et qui ne remettait pas en cause les rapports de soumission qui entravaient les femmes de cette époque. Les féministes reprochaient d'ailleurs à *La Garçonne* de mélanger l'égalité des droits politiques et civils avec le vagabondage sexuel, le lesbianisme et la toxicomanie, ce qui discréditait leur cause. En novembre 1922, soit quatre mois après la parution du roman, le Sénat venait de rejeter massivement le droit de vote pour les femmes. La représentation que la plupart des hommes politiques du temps se faisaient du couple était bien loin de l'idée d'égalité et d'émancipation.

Le reportage que publia en 1933 Maryse Choisy, écrivaine et pionnière de la psychanalyse, sous le titre « Un mois chez les députés », montrait à quel point certains comportements restaient traditionnels. Elle y évoquait par exemple l'usage de ces petits salons meublés surnommés « les confessionnaux » où certains élus bedonnants, tel ce député de Marseille « grand amateur de chair rôtie et de chair fraîche », recevaient leurs maîtresses, ou « ce sport entre deux portes » pratiqué par d'autres, plus impatients. « Cinq à sept, c'est l'heure de l'adultère, du porto, des couloirs », écrivait-elle en guise d'avertissement. Bien peu d'hommes politiques partageaient les idées exprimées par le jeune Léon Blum dans son roman *Du mariage*, publié en 1907, et dans lequel il plaidait pour que les jeunes filles puissent connaître les plaisirs de l'amour avant de devenir des épouses dociles. Proposé par Octave Mirbeau pour le prix Goncourt, ce livre audacieux avait en son temps déclenché les foudres des conservateurs, tel Émile Faguet estimant qu'il développait « chez les jeunes filles l'instinct prostitutionnel ». C'est dire si on était encore loin du féminisme et de la liberté des mœurs, et c'est en secret que ce même Léon Blum, marié depuis 1896 à Lise Bloch, vécut à partir de 1911 une véritable passion amoureuse pour Thérèse Pereyra, elle-même mariée depuis 1908 à un agent de change, qui était aussi une intellectuelle et une militante passionnée, et qu'il finit par épouser après la mort de sa première femme en 1931. Dans cette société corsetée par les convenances, le grand amour prenait souvent les chemins de traverse de l'émancipation. Certes, on commençait à prêter attention aux écrits d'une Louise Weiss, ardente suffragette et pacifiste proche d'Aristide Briand, d'une Anna de Noailles, lauréate en 1921 du Grand Prix de littérature de l'Académie française et créatrice du prix Femina, sans parler bien sûr de Colette, aussi fameuse pour son œuvre romanesque que pour la liberté de ses mœurs. « La femme est capable de tous les exercices de l'homme sauf de faire pipi debout contre un mur », écrivait cette dernière. Mais aussi : « Une femme qui n'est pas intelligente demande les mêmes droits que l'homme. Une femme intelligente y renonce. » Le moment ne lui semblait pas encore venu de changer la mentalité des hommes de pouvoir.

À l'heure de la gravité

Bien que réputé pour son élégance et son goût des belles choses, Paul Deschanel, élu président en février 1920, était fidèle à son épouse Germaine, de vingt ans sa cadette, qu'il avait d'ailleurs épousée sur le tard en 1901, à l'âge de 46 ans. La seule nuit « chaude » de sa présidence, celle du 23 au 24 mai 1920, ne fut pas érotique mais tragi-comique. Vers 23 h 15, alors que le train qui l'emmenait à Montbrison traversait une zone de travaux à faible allure, à quelques kilomètres de Montargis, il bascula par la fenêtre de son wagon-lit et se retrouva sur le bas-côté, vêtu de son seul pyjama, et heureusement sans blessures graves. Poursuivant la voie à pied dans la nuit, il tomba sur un ouvrier cheminot qui le prit pour un fou mais le conduisit néanmoins jusqu'à la maison du garde-barrière, où il fut soigné et mis au lit. Le garde-barrière, Gustave Dariot, impressionné par la dignité du blessé et la cohérence de ses explications, partit pendant ce temps prévenir la gendarmerie de Corbeilles. La femme du garde-barrière aurait dit à des journalistes : « J'avais bien vu que c'était un monsieur : il avait les pieds propres. » Ce n'est que plusieurs heures plus tard que le sous-préfet de Montargis fut mis au courant, et la suite présidentielle ne s'aperçut de l'absence du chef de l'État qu'à l'arrivée du train en gare de Roanne, au petit matin. Il semblerait que le président Deschanel, qui voulait avoir un peu d'air frais, ait descendu la fenêtre de son compartiment et qu'il ait basculé par inadvertance, sans doute un peu embrumé par les somnifères qu'il avait pris avant de partir[1]. Bien évidemment, l'image du président arrivant en pleine nuit en pyjama à la gare fit beaucoup rire les Français, et on lui attribua par la suite plusieurs épisodes burlesques qui tendaient à prouver qu'il avait totalement perdu la tête. On racontait qu'il s'était baigné dans le bassin de l'Élysée avec les canards ou qu'il signait les documents officiels Napoléon ou Vercingétorix, autant d'histoires fantaisistes qui régalaient les gazettes et amusaient le public. On évoqua le surmenage, voire la dépression du chef de l'État, de santé fragile, et qui vivait très mal la fonction présidentielle, condamné qu'il était à avaler les couleuvres imposées par le gouvernement. C'est pourquoi il décida de démissionner, le 21 septembre 1920, très soulagé de quitter la forteresse élyséenne où il s'était senti prisonnier. Après un séjour de trois mois au sanatorium de Rueil-Malmaison, il revint siéger à l'Académie des sciences morales et politiques puis fut élu sénateur dans l'Eure-et-Loir en janvier 1921, avant de disparaître prématurément, victime d'une pleurésie en avril 1922.

Ce n'est pas sans réticences que le président du Conseil Alexandre Millerand lui succéda à l'Élysée, où il se savait condamné à une forme d'impuissance politique. « Un corps taillé à la serpe, des épaules carrées, une tête à la tignasse hirsute, aux mâchoires de carnassier », *dixit* Joseph Caillaux, le nouveau chef de l'État n'était pas du genre à se laisser dicter sa conduite par les ministres, et c'est pourquoi lui aussi vécut très mal son séjour dans le palais présidentiel. Il suffit de regarder les dessins ou les caricatures qui le représentaient lors de son entrée en fonction, l'air décidé, le sourcil broussailleux et la moustache en bataille, pour comprendre qu'il ne badinait pas avec l'autorité. « Je ne veux pas être un président assis mais un président debout », lui faisait dire le dessinateur Brousset, qui le campait fièrement, drapeau tricolore à la main, devant la galerie de ses prédécesseurs. Un autre, dans *Le Carnet de la semaine* du 20 avril 1924, allait même jusqu'à le croquer à genoux devant le buste du dictateur italien Mussolini, à qui il demandait : « Oh ! Dis-moi ton secret. » Il faut dire que Millerand avait exprimé dans son discours d'Évreux du 14 octobre 1923 une conception très novatrice des institutions de la Troisième République, donnant au président un rôle actif qui en ferait un véritable chef de l'exécutif. Il était d'ailleurs très épaulé par son épouse Jeanne, avec laquelle il avait une relation quasi fusionnelle. Jeanne Millerand, qui avait de la classe, se plaisait dans son rôle d'intendante du palais de l'Élysée. Après une réception, la reine de Roumanie, Marie de Saxe-Cobourg-Gotha, avait même confié au chef du protocole : « Mais c'est une reine que vous avez là ! » Jeanne était néanmoins une femme discrète qui fuyait les mondanités pour se consacrer à l'éducation de ses quatre enfants. Au style nouveau de la garçonne des années 1920, cheveux courts et robes près du corps, elle préférait la tradition des robes longues et du corset, ombrelles et lourds chapeaux fleuris. Sous Millerand, confronté aux problèmes diplomatiques et financiers de l'après-guerre, l'atmosphère de l'Élysée ne fut donc pas à la gaudriole et aux plaisirs.

Et si son successeur Gaston Doumergue, surnommé familièrement « Gastounet » pour sa rondeur méridionale, était d'un tempérament beaucoup plus souple, il n'en fut pas pour autant un président déluré, bien au contraire. À peine élu, le 13 juin 1924, après la démission inopinée de Millerand, il s'était fait remarquer par ses mesures d'austérité reflétant ses origines protestantes, révoquant le faste élyséen, supprimant les postillons, les piqueurs et autres valets d'écurie à chaque sortie présidentielle, le cortège ne comportant plus que cinq véhicules ordinaires et un véhicule d'apparat. À l'occasion, il savait parler le langage du chef, par exemple à l'inauguration de la foire de Lyon où il exhorta les Français aux « sacrifices financiers » et le gouvernement du Cartel des gauches à « la réduction de dépenses budgétaires », « avec cet esprit d'union et de solidarité qui nous ont permis de gagner la guerre ». Mais c'était d'abord la bonne humeur et la simplicité qui faisaient sa marque de fabrique et que les journalistes, qui l'accompagnaient dans ses nombreux voyages, se faisaient un plaisir de souligner. Si l'on en croit Adrien Dansette, ce « vieux garçon » n'était pas insensible « au charme féminin » mais ses fréquentes liaisons passagères n'étaient que les « mœurs parisiennes d'hommes politiques[2] ». Son cœur appartenait à Jeanne Gaussal, une professeure de français du lycée Jules-Ferry à Paris, de quinze ans sa cadette, veuve de l'écrivain Philippe-Jean Graves. Elle était invitée par Doumergue lors de ses vacances estivales au château de Rambouillet. Ils se retrouvaient également dans l'ancienne demeure du président, au 73 bis, avenue de

Wagram, où ils déjeunaient souvent ensemble. Leur romance ne devint officielle qu'à la toute fin du septennat, c'est-à-dire le 1er juin 1931, lorsque fut célébré leur mariage civil dans le salon Vert de l'Élysée par Gaston Drucker, maire du VIIIe arrondissement de Paris, douze jours avant l'expiration du mandat présidentiel. Seuls y participèrent les personnels du palais de l'Élysée, qui leur firent d'ailleurs la surprise de les couvrir de fleurs, une fois la cérémonie terminée. Et c'est dans la propriété de Jeanne, au château de Tournefeuille, près de Toulouse, que Gaston Doumergue prit sa retraite présidentielle, avant d'être brièvement rappelé à la présidence du Conseil, de février à novembre 1934. Avec Jeanne, c'était du sérieux !

Encore plus sérieux, et même grave, était Paul Doumer, l'honorable septuagénaire au crâne chauve et à la barbe blanche qui succéda à « Gastounet » à la tête de l'État. Marié depuis plus d'un demi-siècle à Blanche Richel, ses huit enfants lui avaient inspiré un ouvrage de morale civique intitulé *Le Livre de mes fils*, publié pour la première fois en 1906. S'adressant aux futurs « citoyens de la République française », il leur prescrivait de se sentir « fiers de ce titre et décidés à l'honorer » et leur recommandait « la première vertu du citoyen, du républicain : le patriotisme », car « plus que jamais, à l'heure où apparaît le péril, il faut aimer la Patrie d'un amour ardent, passionné et jaloux[3] ». Pouvait-il imaginer que cet acte de foi patriotique conduirait à la mort quatre de ses fils, André, René, Marcel et Armand, fauchés par la Grande Guerre ? Son tempérament rigide et presque ascétique, renforcé par l'image du deuil qui pesait sur lui, donna à sa présidence un caractère lugubre qui lui interdit la sympathie spontanée inspirée aux Français par son prédécesseur. « M. Doumer paraîtra au balcon de l'Élysée tandis que la musique de la garde républicaine jouera la *Marche funèbre* de Chopin, promue au rang d'hymne national », s'amusait *Le Canard enchaîné*, ironisant sur l'allure sévère et compassée du nouveau président. « Aux larmes, citoyens », faisait dire un autre journal satirique à une Marianne désespérée, tandis que Doumer s'avançait, triste à pleurer, en disant : « Gais et contents, nous allons triomphants. » C'était un travailleur acharné, levé tous les jours avant l'aube, à son bureau le week-end comme la semaine jusqu'à 16 à 18 heures par jour, se contentant pour ses repas d'un blanc de poulet et d'un verre d'eau, fuyant comme la peste mondanités et manifestations officielles. Invité au Casino de Paris pour le gala annuel des journalistes, il fut choqué par le spectacle de danse dévêtue qui lui était offert, au point de s'exclamer : « Une société qui se plaît à de tels spectacles est une société perdue. » On comprend que la gaudriole n'était pas au programme du triste Paul Doumer, dont la disparition tragique, sous les coups de l'anarchiste russe Paul Gorgulov, le 6 mai 1932, fut le point d'orgue d'une vie de douleur.

Le Briand séducteur

Paul Doumer n'avait survécu que deux mois à Aristide Briand, son adversaire malheureux lors de l'élection présidentielle de mai 1931. Ce fut d'ailleurs le seul point commun entre les deux hommes, aussi différents qu'on pouvait l'être : Doumer l'austère travailleur et Briand l'orateur habile, beaucoup plus populaire mais aussi beaucoup plus controversé que ne l'était le locataire de l'Élysée. Ardent pacifiste et européen convaincu, récompensé en 1926 par le prix Nobel de la paix pour son action en faveur de la réconciliation franco-allemande, Briand était en effet la bête noire des nationalistes de tout poil, et notamment des militants de l'Action française qui ne cessaient de le vilipender à longueur de tracts et de discours. C'est ainsi qu'à la veille de l'élection présidentielle, ils avaient placardé à Paris et à Versailles, où se réunissait le Congrès, des affiches ordurières qui le représentaient comme une marionnette manipulée par les mains de l'Internationale et de la Finance. Afin de le discréditer aux yeux de l'opinion, ces torchons d'extrême droite n'avaient pas hésité à rappeler un événement de la vie privée de Briand, qui avait eu lieu trente ans plus tôt, lorsqu'il était encore jeune avocat au barreau de Saint-Nazaire. Ses parents y tenaient un modeste café-concert, le Café de France, ce qui d'ailleurs faisait dire au directeur du journal *L'Action française*, le féroce Léon Daudet, que Briand avait « grandi sur les genoux des prostituées ». Le même lui reprochait d'avoir, alors qu'il n'avait pas 20 ans, séduit une jeune veuve marchande de tabac, Anna Olivier, dont il aurait « croqué » les économies en lui promettant le mariage. « Les 7 500 francs une fois boulottés, il avait couru à Jersey pour un simulacre de mariage avec la pauvrette, puis l'avait abandonnée avec son enfant », affirmait Léon Daudet, sans aucune preuve. Ce qui est certain, c'est qu'Anna Olivier avait eu, à l'époque de sa liaison avec le jeune Briand, un garçon prénommé Marius-Aristide. Ce dernier, qui n'avait jamais pris contact avec son présumé géniteur de son vivant, se signala à la mort de ce dernier en se rendant aux cérémonies en l'honneur de l'ancien président du Conseil et prit soin de cultiver sa ressemblance physique avec lui. Mais l'autre scandale qui faisait les délices de *L'Action française* avait eu lieu une dizaine d'années plus tard, alors que Briand était déjà entré en politique, au conseil municipal de Saint-Nazaire et comme rédacteur au journal radical *La Démocratie de l'Ouest*. À cette occasion, il avait rencontré Jeanne, une jolie blonde, dont le père, Louis

Nouteau, subventionnait le journal. L'écrivain Georges Suarez raconte que Briand avait pris l'habitude de suivre la jeune femme dans ses promenades le long de l'océan et que, un jour de pluie, il avait proposé de la raccompagner. Mal mariée à un banquier local, Adolphe Giraudeau, elle n'avait pas tardé à succomber à ses charmes, et la bonne société de Saint-Nazaire s'en était vite aperçue. Alerté par des âmes charitables, le mari trompé essaya en vain, à plusieurs reprises, de les faire surprendre en flagrant délit d'adultère par un commissaire de police. Le scandale éclata le 1er mai 1891, Aristide et Jeanne s'étant donné rendez-vous par cette belle journée de printemps au lieu-dit « Toutes Aides », à trois kilomètres de la ville. C'est là qu'ils furent surpris, au beau milieu de leurs tendres ébats, par un garde champêtre accompagné de trois paysans… qui n'étaient sans doute pas là par hasard. Interrogés par les gendarmes du lieu, les coupables ne purent que passer aux aveux écrits. Le mari de Jeanne eut l'élégance de retirer la plainte pour adultère qu'il avait aussitôt déposée, mais cela ne mit pas un terme au feuilleton judiciaire, car les deux amants restaient inculpés d'outrage public à la pudeur. Éloignée par sa famille, Jeanne reçut les promesses épistolaires et enflammées d'Aristide : « Tu seras ma femme, ma maîtresse, ma petite fille, ma petite poupée que je déshabillerai le soir en la couvrant de baisers et que j'endormirai dans mes bras. » Suspendu de l'ordre des avocats de Saint-Nazaire, il fut condamné le 2 novembre 1891 à un mois de prison et 200 francs d'amende, tandis que Jeanne récoltait la même amende et dix jours de détention. Ces peines très sévères, en l'absence de toute preuve tangible, furent confirmées en appel par le tribunal de Rennes en décembre 1891. L'affaire fut toutefois portée devant la Cour de cassation de Poitiers, le 27 juillet 1892, et l'un des témoins à charge reconnut qu'il avait été payé pour déposer contre les accusés, qui furent donc purement et simplement acquittés. L'anecdote raconte que lorsque Briand alla saluer le président de la Cour, celui-ci lui confia : « Mon cher Maître, ce que vous avez fait, nous l'avons tous fait ! » Mais trente ans plus tard, cette affaire restait suffisamment explosive pour que l'extrême droite en fasse ses choux gras, propageant l'image d'un Briand débauché, sans foi ni loi, laïque impénitent et donc mauvais Français !

Réfractaire au mariage, Briand resta toute sa vie un amateur de jolies femmes[4]. Parmi d'autres maîtresses, on lui prête notamment une amourette avec la sulfureuse Meg Steinheil, l'ancienne égérie du défunt Félix Faure, dont la réputation de veuve noire ne semble pas l'avoir effrayé. Il entretint aussi une relation très intime avec la Belle Otero, née Agustina Otero Iglesias, belle brune plantureuse aux yeux de biche, reine incontestée des courtisanes de la Belle Époque et qui collectionnait les altesses royales. Le roi d'Angleterre Édouard VII, Léopold de Belgique, le grand-duc Nicolas de Russie ou l'écrivain Gabriele D'Annunzio figurent dans la longue liste de ses protecteurs. Ses amours avec Briand furent brèves, mais leur amitié dura jusqu'à la mort de ce dernier. Plus profonde fut la relation qu'il entretint à partir de 1907 avec une actrice aux longs cheveux blonds et au talent déjà confirmé, Berthe Cerny, presque quadragénaire. Pensionnaire de la Comédie-Française, elle avait sollicité une entrevue avec Aristide Brand, alors ministre des Beaux-Arts dans le cabinet Clemenceau, donc en charge des théâtres. Elle lui demandait de l'appuyer auprès de l'administrateur de la maison de Molière, Jules Claretie, afin d'être promue au rang de sociétaire. Totalement séduit, Briand l'invita à dîner au Café de Paris, le 12 février 1907, jour de mardi gras, et c'est parmi les masques et les serpentins qu'ils échangèrent leurs premiers baisers, avant qu'il ne la raccompagne chez elle à Saint-Cloud, sur les hauteurs de Montretout, où ils passèrent leur première nuit d'amour. Dès lors commença une liaison passionnée, dont témoignent les lettres échangées entre « Ary » et sa maîtresse. « Ma petite Sioux, écrivait Briand, je me sens très en tendresse ce soir, et je vous rêve auprès de moi. J'ai lieu de croire que vous ne seriez pas privée de doux propos ni de caresses savoureuses. Mais vous n'êtes pas là et de longues heures doivent s'envoler avant que je vous aie à moi. » De son côté, Berthe rompit avec son ancien amant, le riche négociant bordelais Raoul William Johnston, fils du député Nathaniel Johnston, et dont elle avait eu un fils en 1898, afin de s'occuper exclusivement de son « grand chef ». Elle lui apprit à se vêtir chez les bons tailleurs et à se tenir correctement à table, lui qui avait cultivé depuis sa jeunesse socialiste un dandysme débraillé dont se gaussait le Tout-Paris mondain. Si elle obtint en 1909 de devenir sociétaire de la Comédie-Française au moment où Briand était président du Conseil, sa motivation n'était ni la gloire ni l'argent, qu'elle avait déjà obtenus, mais bien le bonheur de son illustre amant. « Cerny a les yeux Briand et Briand les yeux Cerny », disait-on à leur sujet, quand d'autres la surnommaient « la Brillante ». Leur liaison dura ainsi jusqu'en 1916, lorsque Briand, accaparé par la présidence du Conseil en temps de guerre, s'éloigna de sa maîtresse.

Il faut dire que, trois ans plus tôt, en 1913, il avait fait la connaissance d'une autre femme exceptionnelle, beaucoup plus jeune que Berthe, et qui n'avait pas tardé à éclipser cette dernière par ses charmes comme par ses talents. La ravissante princesse Marie Bonaparte, épouse du prince Georges de Grèce, n'était autre que l'arrière-petite-fille du frère cadet de l'Empereur. « Si quelqu'un écrit ma vie, disait-elle, qu'il l'intitule *La dernière Bonaparte* car je le suis. Mes cousins de la branche impériale ne sont que Napoléon. » Elle était non seulement l'héritière du mythe impérial, mariée depuis 1906 à l'un des meilleurs partis de l'Europe couronnée, mais c'était aussi une femme d'une grande culture, polyglotte, intime du célèbre sociologue et anthropologue Gustave Le Bon. C'est d'ailleurs lors des « déjeuners du mercredi » organisés par ce dernier que le ministre et la princesse eurent l'occasion de se connaître, parmi d'autres sommités telles que Raymond Poincaré, Paul Valéry ou Henri Bergson. Marie Bonaparte avait toutes les qualités pour devenir l'égérie d'Aristide Briand, et ce grand séducteur déploya tout son charme pour parvenir à ses fins. Elle lui résista longtemps, ne voulant pas le partager avec Berthe Cerny, alors qu'elle-même était mariée et mère de deux enfants : « Je ne puis subir cela et être en même temps à toi. Je ne te dis pas de la quitter, c'est à toi de le faire. Je serai à toi, le lendemain. » Ce fut chose faite en avril 1916, et force est de reconnaître que l'actrice accepta sa disgrâce avec une élégance tout aristocratique : « Ne vous donnez pas la peine d'arranger votre temps pour me recevoir. Ni demain ni un autre jour, je n'irai chez vous [...]. Vous n'avez rien à me dire (depuis des mois, vous me l'auriez dit). Alors, laissez-moi vous oublier doucement... Je crois être sûre que vous garderez de moi de l'amitié, un souvenir gentil. Je n'en demande pas plus. Vous voyez comme, tout de même, la vie m'a assagie, comme je suis devenue plus raisonnable. » C'était d'autant plus élégant de sa part qu'elle avait eu la douleur de perdre en mai 1915 Raoul William Johnston, puis la même année en juin son fils aîné Jacques, d'un premier lit, âgé de 27 ans, tous deux morts pour la France. Mais cette femme libre se consola quelque temps au sortir de la guerre entre les bras d'une étoile montante de la vie politique française, Paul Reynaud, de dix ans son cadet, sans doute impressionné de succéder à l'illustre Aristide.

On peut d'ailleurs se demander si Briand avait eu raison d'abandonner la douce et soumise Berthe pour la très cérébrale Marie Bonaparte, qui avait un grave problème, devenu une sorte d'obsession : la frigidité. Après avoir découvert l'*Introduction à la psychanalyse* de Sigmund Freud, elle obtint en 1925 de devenir la patiente du médecin autrichien. Persuadée que son incapacité orgasmique devait être liée à un mauvais positionnement de son clitoris, trop éloigné de son vagin, elle publia en 1924 sous le pseudonyme de A. E. Narjani, le résultat d'une enquête menée auprès de 200 femmes sous le titre « Considérations sur les causes anatomiques de la frigidité chez la femme ». Et passant de la théorie à la pratique, elle se fit opérer plusieurs fois afin de se faire déplacer le clitoris. Nul ne sait de quelle manière cette obsession orgasmique rejaillit sur ses rapports amoureux avec Aristide Briand. Toujours est-il qu'il avait trouvé une égérie à sa mesure !

Derniers feux de la rampe

Le parcours amoureux du père de l'Europe, abandonnant une actrice en vogue pour une femme de culture et d'esprit, nous apparaît comme une sorte d'illustration archétypique d'un changement générationnel. Au temps des actrices et des demi-mondaines, qui étaient la marque du XIXe siècle, semblait succéder celui des égéries et des conseillères, comme un signe de l'émancipation naissante des femmes dans la société de l'entre-deux-guerres. Cependant, on n'en était qu'aux prémices de cette transformation, et bien des hommes politiques se faisaient toujours un devoir et un plaisir de fréquenter les loges des théâtres et les coulisses des music-halls et de s'exhiber avec des comédiennes ou des chanteuses dont la beauté validait le prestige de celui qui les entretenait. Ce fut le péché mignon de plusieurs cadets de Briand, dont Joseph Paul-Boncour, plusieurs fois ministre dans les années 1930 et amant de l'actrice d'origine roumaine Marie Ventura, sociétaire de la Comédie-Française et vedette du cinéma muet. De même pour Guy La Chambre, ministre au nom prédestiné et qui défraya la chronique en épousant en 1938 la ravissante chanteuse réaliste Cora Madou, pseudonyme de Jeanne Odaglia, ex-compagne de Vincent Scotto et qui interrompit sa carrière en pleine gloire pour devenir une femme respectable. Ce fut aussi le cas pour deux figures de premier plan de la vie politique française de l'entre-deux-guerres, tous deux disciples de Georges Clemenceau, qui lui-même avait beaucoup aimé les actrices. Le premier, André Tardieu, l'un des principaux collaborateurs du « Tigre » pendant la guerre, était devenu dans les années 1920 l'une des figures de la droite française[5]. Léon Daudet, le grinçant polémiste de *L'Action française*, l'avait surnommé « le Mirobolant », pour son goût de la parade mais aussi parce qu'il était sans doute le plus doué de sa génération. On le voyait assidu, portant haut-de-forme, monocle et porte-cigarette, aux premières des pièces à la mode et des salles de concert. Tennisman et golfeur, il fréquentait les hippodromes et les salles d'escrime, mais son plus grand plaisir était de dîner chez Maxim's avec ses deux chiens de race, accompagné de jolies femmes auxquelles il offrait sans compter petits-fours et champagne. « La brutalité d'André Tardieu, son comportement de patricien bourgeois impressionnaient les femmes, écrit la féministe Louise Weiss. Tout au long de sa vie, elles ne lui ménagèrent pas leurs faveurs. » Avant la Première Guerre mondiale, il avait vécu quelques années avec Louise Mante, une très jolie danseuse croisée dans les coulisses de l'Opéra et qu'il avait arrachée sans coup férir à son protecteur, un haut magistrat. Puis il était tombé éperdument amoureux d'une belle Américaine, Mrs Dyke, qui était morte prématurément, ce qui l'avait brisé. C'est alors qu'en décembre 1927 il avait rencontré lors d'un dîner mondain une actrice qui allait devenir sa compagne pendant quelques années. Cette beauté sculpturale de 1,80 m s'appelait Mary Marquet et, issue d'une famille d'artistes, elle avait connu la consécration dès 1915 pour son rôle dans *L'Aiglon* d'Edmond Rostand, dont elle avait d'ailleurs été pendant trois ans la maîtresse. Croqueuse d'hommes, elle avait épousé Maurice Escande en 1920 puis divorcé un an plus tard du comédien, avant de jeter son dévolu sur Firmin Gémier, le directeur du tout nouveau TNP (Théâtre national populaire), marié mais avec lequel elle avait eu un fils en 1922. Lorsque Tardieu devint pour la première fois président du Conseil en novembre 1929, le couple qu'il formait avec Mary Marquet, surnommée « Manouche », devint le point de mire de la vie mondaine. L'écrivain André Maurois, qui était l'un de ses amis, raconte que Tardieu guettait l'apparition de son égérie dans les tribunes de la Chambre[6]. Un jour de crise politique, alors qu'elle s'était rendue au Palais-Bourbon en sa compagnie, Tardieu prévint son ami : « Vous allez monter dans la tribune avec Manouche. Je verrai comment marche le débat. Si tout va bien, s'il n'y a pas de danger pour le ministère, je me taperai trois coups sur la tête. Cela voudra dire : "On y va !" Vous descendrez ; je vous retrouverai à la voiture et on ira au Bois. » Tardieu était tout fier d'emmener sa conquête dîner dans quelque restaurant à la mode des Champs-Élysées, où il lui préparait « lui-même un *cup*, champagne et fraises. » Mais ce fut une liaison orageuse, car « Manouche », était une femme de caractère, qui supportait mal d'être « domestiquée ». « C'est la première fois que j'ai charge d'âme, lui écrivait Tardieu, et tu n'imagines pas la joie que cela me fait. Je vais te chercher un appartement plus près de chez moi. » Aussitôt dit, aussitôt fait, mais « Manouche » n'était pas faite pour appartenir à un seul homme, si mirobolant qu'il fût. Au printemps 1932, elle mit fin à leur liaison et Tardieu sortit brisé de leur rupture, qui coïncidait avec l'échec de son second gouvernement. Il conservait pourtant à cette époque une aura exceptionnelle auprès des femmes, comme l'illustre cette anecdote rapportée par *Le Figaro* au moment de l'élection du président de la République par les parlementaires réunis en Congrès à Versailles, le 10 juin 1932. Au moment où il allait déposer son bulletin de vote dans l'urne, une jeune femme applaudit bruyamment depuis les tribunes, contrairement aux usages établis. Les communistes furieux l'invectivèrent, mais la jolie créature se contenta de leur tirer la langue. Par la suite, il semble que Tardieu ait cherché à savoir, mais en vain, qui était sa belle admiratrice. Ce fut son dernier grand succès féminin.

Georges Mandel, autre ancien collaborateur de Clemenceau, d'abord au journal *L'Homme libre* à partir de 1913 puis comme chef de cabinet à la présidence du Conseil pendant la guerre, eut lui aussi un faible pour les actrices, à l'instar de Tardieu[7]. En 1930, il fit la connaissance d'une vedette des planches, Béatrice Bretty, jolie brune pétulante qui était depuis quinze ans sociétaire de la Comédie-Française, et dont il fit sa maîtresse officielle. Cela valut à la belle comédienne de décrocher le rôle de speakerine, lors de la première émission de télévision réalisée, le 26 avril 1935, en direct depuis le ministère des PTT dont le titulaire était… Georges Mandel. Par ailleurs, c'est à la demande de Béatrice qu'il intervint en faveur de la Comédie-Française, qui traversait de grandes difficultés financières. Afin de justifier les subventions versées à la maison de Molière par le ministère des PTT, il fit diffuser par les relais de poste de l'Hexagone une émission quotidienne des comédiens-français sur le réseau de la TSF naissante. C'est ainsi que Mandel et sa maîtresse furent associés à deux innovations de la communication culturelle des années 1930.

Fidèle à son protecteur, elle le suivit dans l'exil, le 21 juin 1940, lorsque, refusant l'armistice proposé par Pétain, il s'embarqua à Bordeaux sur le paquebot *Massilia* afin de gagner le Maroc où il entendait bien, en compagnie d'Édouard Daladier et d'une vingtaine de parlementaires, continuer la lutte contre les Allemands. Mais il fut arrêté le 8 août par les autorités françaises restées fidèles au maréchal Pétain, puis condamné à la prison à vie par un tribunal d'exception, le 7 novembre 1941, et emprisonné au fort du Portalet, dans les Pyrénées, en compagnie de Daladier et de Paul Reynaud, tous deux anciens présidents du Conseil. D'une fidélité exemplaire, Béatrice accompagna Mandel tout au long de sa captivité, tout en s'occupant de Claude, la fille du ministre déchu. Mais, à la suite de l'invasion de la zone libre par l'armée allemande, en novembre 1942, Mandel et Reynaud furent transférés dans un camp de la Gestapo à Oranienburg-Sachsenhausen, non loin de Berlin. Puis Mandel, qui était juif, de son vrai nom Louis Georges Rothschild, fut incarcéré, près de Buchenwald, dans un camp spécial destiné aux hommes politiques des pays occupés et où se trouvait déjà l'ancien président du Conseil Léon Blum. Pendant ce temps, Béatrice entrait dans la Résistance, après avoir été exclue de la Comédie-Française. Malheureusement, elle ne put jamais revoir celui qu'elle aimait. Ce dernier fut bien rapatrié à la prison de la Santé, à Paris, mais aussitôt livré à la milice, qui l'exécuta en forêt de Fontainebleau, le 7 juillet 1944, de seize balles dans le dos. C'est à Béatrice que l'on remit les objets trouvés sur le corps de Georges Mandel.

Deux femmes d'influence

Édouard Daladier et Paul Reynaud, qui avaient partagé la détention de Mandel au Portalet puis à Sachsenhausen, eurent plus de chance que lui. Tous deux furent libérés le 5 mai 1945 par les Alliés au château d'Itter, dans le Tyrol, où ils étaient retenus depuis mai 1943. Outre le fait qu'ils s'étaient succédé à la tête du gouvernement, le premier d'avril 1938 au 31 mars 1940 et le second jusqu'au 16 juin 1940, ils avaient un autre point commun, très significatif de l'évolution des mœurs politiques de leur époque. Tous deux en effet choisirent sur le tard une maîtresse issue de l'aristocratie, et qui était moins un trophée qu'une véritable conseillère. Ce qui d'ailleurs ne leur réussit pas vraiment, comme la suite va le montrer.

C'est après la mort prématurée de sa femme Madeleine, en 1932, qu'Édouard Daladier, député-maire de Carpentras, plusieurs fois ministre, figure éminente du parti radical, surnommé le « Taureau du Vaucluse », fit la connaissance de Marie-Louise de Crussol[8]. Fille d'un industriel breton qui avait fait fortune dans les conserves de poissons, Marie-Louise Béziers avait épousé en 1904, à l'âge de 20 ans, le marquis Emmanuel de Crussol, petit-fils de la célèbre duchesse d'Uzès, naguère fervente admiratrice du général Boulanger. À l'instar de cette dernière, Marie-Louise de Crussol, que les mauvaises langues avaient surnommée « la sardine qui s'est crue sole », en référence au métier de son père, avait suivi les cours de l'École libre des sciences politiques. Proche de la famille radicale, elle appartenait aux « milieux genevois », inspirés par l'esprit pacifiste et européen d'Aristide Briand. Détestant la vie de province de son ennuyeux mari, elle passait une bonne partie de l'année à Paris, où elle aimait à tenir salon dans son hôtel particulier de Passy, recevant des intellectuels, des diplomates, des gens du monde et surtout le gotha de la politique de l'époque. « Je servais un petit porto et des biscuits, mais tous étaient heureux de se retrouver chez moi », racontera-t-elle plus tard. Certains l'appelaient « la marquise rouge » pour ses liens avec les hommes de la gauche, dont Daladier. Quelque temps après son veuvage, ce dernier fut reçu dans le salon de la marquise de Crussol, dont il devint l'ami, puis l'amant.

Si l'on en croit l'écrivain André Maurois, visiteur assidu du 103, avenue Henri-Martin, c'était « une femme gracieuse et belle, blonde et jeune d'apparence », âgée d'une trentaine d'années à l'époque, et qui avait de quoi séduire le « Taureau du Vaucluse », encore dans la force de l'âge. Mais elle se mêlait aussi de politique, écrit Maurois, « avec un goût du pouvoir et une passion regrettable pour les doctrines politiques et économiques[9] ». Il semble que la belle marquise, très imprégnée d'esprit pacifiste, ait poussé Daladier dans le sens de l'apaisement avec le régime hitlérien, ce qui conduisit aux désastreux accords de Munich en septembre 1938. Certains s'étonnèrent de la trouver en joyeuse conversation avec la femme du ministre des Affaires étrangères allemand Von Ribbentrop lors d'un grand dîner offert en l'honneur de ce dernier au Quai d'Orsay, le 6 décembre 1938, moins d'un mois après la sinistre « Nuit de cristal », qui avait vu se déchaîner l'antisémitisme des nazis. À la demande expresse de l'ambassadeur d'Allemagne à Paris, on avait d'ailleurs omis d'inviter lors de ce grand dîner diplomatique les ministres d'ascendance juive. Dans ces conditions, l'enthousiasme de Marie-Louise de Crussol, d'ailleurs très liée à Odette Bonnet, la femme du ministre des Affaires étrangères, chef de file du camp pacifiste, pouvait légitimement choquer ceux qui dénonçaient le péril hitlérien. Elle accompagna néanmoins Édouard Daladier lorsque celui-ci s'embarqua sur le *Massilia*, le 21 juin 1940, avec Mandel et les autres, afin de refuser l'armistice honteux que s'apprêtait à signer le maréchal Pétain. Mais lorsqu'il fut emprisonné au château de Chazeron, en attendant d'être jugé par le régime de Vichy lors du procès de Riom, on ne vit plus réapparaître la marquise de Crussol.

Avant la débâcle de l'été 1940, la grande rivale de Marie-Louise avait été la comtesse Hélène de Portes, compagne de Paul Reynaud, qui avait succédé à Édouard Daladier à la présidence du Conseil[10]. Elle aussi fille d'industriel, son père Charles Rebuffel dirigeant la Société des Grands Travaux de Marseille, elle aussi mariée très jeune avec le comte Henri de Portes, elle aussi ancienne élève de l'École libre des sciences politiques, Hélène était comme Marie-Louise fascinée par le pouvoir. À la fin des années 1920, elle tomba amoureuse du quadragénaire Paul Reynaud, son aîné de vingt-quatre ans, marié depuis 1912 à la juriste Jeanne Henri-Robert, fille d'un avocat renommé. Comme Marie-Louise de Crussol, Hélène de Portes tenait salon dans son appartement de l'avenue Foch, recevant les ténors de la vie politique française de l'époque, mais avec une nette prédilection pour les hommes de droite, tels André Tardieu, Pierre-Étienne Flandin, Pierre Laval, et bien sûr Paul Reynaud, l'étoile montante des libéraux. André Maurois la qualifiait de « grande nerveuse, une dingo » et Winston

Churchill de « perroquet », cependant que le journaliste Philippe Barrès, fils de Maurice Barrès, la définissait comme « une femme qui n'est remarquable que par le ton décidé et agressif de sa voix et par la vigueur de ses mains carrées et nerveuses ». Ce n'est qu'en 1938, après de longues années de liaison officieuse, qu'Hélène de Portes et Paul Reynaud finirent par quitter leurs domiciles respectifs pour s'installer dans un appartement commun au 5, place du Palais-Bourbon, juste en face de la Chambre des députés. À partir de ce moment, la comtesse abandonna son salon mais non ses ambitions politiques, intriguant en faveur de son amant qui obtint le portefeuille de la Justice dans le cabinet dirigé par Daladier. Comme Paul Reynaud s'ennuyait ferme place Vendôme, guignant le ministère des Finances qui avait ses faveurs, Hélène de Portes se rapprocha de Marie-Louise de Crussol afin de s'en faire une alliée. On disait pourtant que les deux femmes se détestaient, d'autant qu'Hélène avait été liée au marquis de Crussol et ne pardonnait pas à sa rivale de l'avoir supplantée. Elle dut pourtant faire mauvaise fortune bon cœur afin d'obtenir les faveurs de Marie-Louise, et c'est ainsi qu'en novembre 1938 Paul Reynaud obtint le portefeuille des Finances.

Mais le rapport des forces s'inversa entre les deux femmes le 21 mars 1940 lorsque ce dernier devint président du Conseil, tandis que Daladier devait se contenter du portefeuille de la Défense nationale. Dès lors, Hélène de Portes se comporta comme si elle était la collaboratrice privilégiée de son amant, au point qu'on la surnomma « la porte d'à côté ». Dominique Leca, directeur de cabinet de Paul Reynaud, était stupéfait : « Elle s'agite dans tout cela comme un hanneton dans une lanterne, elle vitupère tout le monde et sait de moins en moins ce qu'elle doit souhaiter[11]. » Lorsque le président du Conseil, de retour de Londres le 27 avril

1940, fut contraint de s'aliter quelques jours, elle décida de prendre sa place, tout simplement. Assise à la table de travail de son amant, elle recevait généraux, députés et fonctionnaires, écoutant peu, parlant beaucoup et très vite, sur un ton péremptoire, donnant des conseils et des ordres comme si elle avait une quelconque légitimité. De temps en temps, elle ouvrait la porte et on l'entendait dire : « Comment allez-vous, Paul ? Reposez-vous bien, nous travaillons. » Quand le journaliste Pierre Lazareff lui demanda de voir seul à seul Reynaud, elle se contenta de lui répondre : « Le président est légèrement souffrant et j'essaie de le remplacer de mon mieux. » Quant aux relations entre Reynaud et Daladier, elles devinrent très compliquées du fait de la rivalité entre les deux maîtresses. Lors d'un week-end, en avril 1940, chez la comtesse Paule de Beaumont, elles faillirent même en venir aux mains, sous l'œil effaré de leurs amants.

Pourtant, Hélène et Marie-Louise se retrouvaient sur l'essentiel : toutes deux ferventes pacifistes, elles n'eurent de cesse que de pousser leurs amants respectifs sur la voie de l'armistice avec Hitler. C'est pourquoi Hélène de Portes usa de toute son influence pour se débarrasser de deux personnages clés de la vie politique française, qui, eux, voulaient continuer la guerre. Le premier était Gaston Palewski, proche collaborateur de Paul Reynaud, et dont elle obtint l'éviction. L'autre victime de la comtesse fut Alexis Léger – plus connu, en littérature, sous le surnom de Saint-John Perse –, secrétaire général du ministère des Affaires étrangères et fervent belliciste. Le 19 mai 1940, il apprit par la lecture du *Journal officiel* qu'il était remplacé par François Charles-Roux, jusque-là ambassadeur de France auprès du Vatican. Le 10 juin, alors que les armées allemandes menaçaient Paris, Paul Reynaud et son gouvernement prirent la direction des châteaux de la Loire où se tinrent des conciliabules enfiévrés. S'opposant alors au général de Gaulle, sous-secrétaire d'État à la Guerre et à la Défense, qui voulait organiser la résistance dans le « réduit breton », Hélène de Portes ne cessa de faire pression sur Reynaud pour qu'il ouvre des négociations d'armistice avec les Allemands. Le général Spears, venu proposer une alliance franco-britannique au nom de Winston Churchill, raconte qu'elle interrompit à plusieurs reprises son entretien avec le président du Conseil pour leur dire : « À quoi bon continuer la lutte ? Quel sens cela a-t-il[12] ? » Dans l'après-midi du 13 juin, à la préfecture de Tours, elle ne cessa de harceler Paul Baudoin, sous-secrétaire d'État aux Affaires étrangères, afin qu'il transmette à Reynaud le message suivant : « Dites à Paul qu'il doit renoncer. Il doit y avoir un armistice. » Excédé, un haut fonctionnaire finira par dire à Baudoin : « Sortez cette femme d'ici ! Si vous ne le faites pas, je le ferai moi-même. »

Lorsque le gouvernement se replia à Bordeaux, le lendemain, elle continua à harceler son amant. H. Freeman Matthews, premier secrétaire de l'ambassade américaine, en témoigne : « M. Biddle et moi-même avons vu Reynaud au moins quatre fois par jour, pendant ses quelques derniers jours comme Premier ministre, et jamais une seule fois sans qu'Hélène de Portes ne vienne d'entrer dans son bureau ou d'en sortir et je crois que s'il a peu à peu perdu son sang-froid, c'est en grande partie à cause de l'influence qu'elle a exercée sur lui. » Lorsqu'elle eut connaissance de la proposition de Winston Churchill de conclure un traité d'union entre la France et la Grande-Bretagne, elle fit passer à Reynaud cette note furieuse : « J'espère que vous n'allez pas jouer le rôle d'Isabeau de Bavière », allusion à l'épouse de Charles VI qui, par le traité de

Troyes en 1420, avait déshérité le Dauphin Charles au profit de l'Angleterre.

En fait, le défaitisme de la comtesse n'était pas tout à fait désintéressé. Une fois que Paul Reynaud aurait signé l'armistice comme elle le souhaitait, son projet était de s'enfuir avec lui aux États-Unis où elle avait déjà envoyé ses enfants. Mais l'affaire échoua car Dominique Leca, parti préparer l'arrivée de son patron, fut arrêté à Madrid en possession d'une très forte somme d'argent et de plusieurs documents secrets. Des papiers suffisamment compromettants pour arracher à l'ambassadeur français à Madrid : « Il y a là de quoi faire fusiller un homme ! » Dès lors, la réputation de Paul Reynaud était ternie, ce qui permit au maréchal Pétain, qui lui avait succédé au pouvoir le 16 juin, de le faire arrêter et interner, tout comme Daladier, Mandel et les autres. À l'instar de Marie-Louise de Crussol, Hélène de Portes ne suivit pas son amant en prison, mais, contrairement à sa rivale, ce ne fut pas de son fait. Elle trouva la mort, le 28 juin, entre Frontignan et Sète, dans un accident de voiture alors qu'elle se rendait dans leur propriété de Sainte-Maxime avec l'ancien président du Conseil. Celui-ci, qui conduisait, s'en tira avec quelques blessures sans importance, mais son amie eut la nuque brisée par la chute de ses bagages. Hospitalisé à Montpellier puis arrêté à sa sortie de l'hôpital pour être emprisonné par les autorités de Vichy, Reynaud fut fidèlement accompagné par sa collaboratrice Christiane Mabire… qui plus tard devint sa femme.

De 1932 jusqu'à la débâcle de l'été 1940, le chef de l'État était resté le même : Albert Lebrun. Bien qu'il eût été plusieurs fois ministre et présidé le Sénat, c'était un inconnu pour le grand public… et il le resta à son départ de l'Élysée. Il fut sans doute le personnage le plus effacé qui ait occupé la magistrature suprême[13].

À son entrée en fonction, le dessinateur Gassier avait représenté « l'homme invisible », un habit présidentiel sans visage. D'autres se moquaient de sa coquetterie presque maladive, qui lui faisait se teindre la moustache en noir, contrastant avec ses cheveux blancs de sexagénaire. En revanche, il était d'une fidélité exemplaire, à l'image de ses prédécesseurs, et par contraste avec les Tardieu, Herriot, Paul-Boncour et Reynaud qui s'étaient succédé à la tête du gouvernement tout au long de ses deux présidences. Au mois d'août 1938, le magazine *Vu* lui consacra un long reportage photographique, canotier sur la tête, en vacances avec deux de ses petits-enfants. C'était un bon grand-père protecteur, qui portait encore beau. La République endeuillée par la Grande Guerre ne tolérait plus la gaudriole au sommet de l'État… même si elle l'acceptait, bonne fille, pour les ministres qui la servaient.

Lebrun fut réélu sans encombre le 5 avril 1939, par 506 voix sur 910 votants, mais c'est une élection qu'il n'avait pas désirée. Sa femme Marguerite, souhaitant qu'il se repose, leur avait déjà trouvé un appartement dans le XVIe arrondissement, boulevard Beauséjour. Il avait fallu les sollicitations des présidents des deux assemblées, Jules Jeanneney représentant le Sénat et Édouard Herriot la Chambre des députés, pour qu'il acceptât de se porter candidat. « Volontiers il fût rentré dans l'obscurité et se fût voué uniquement aux doux soins des affections familiales », lisait-on dans la presse qui lui était favorable. Gassier se fit un malin plaisir de reprend le thème de l'homme invisible en dessinant une jaquette présidentielle et un haut-de-forme sans tête posant pour le photographe qui lui lançait la formule traditionnelle, cette fois à double sens : « Ne bougeons plus ! » Et c'est d'ailleurs ce qui lui fut reproché au moment de la débâcle de 1940, où il ne se montra pas à la hauteur de l'incarnation républicaine.

Présidant le Conseil des ministres à Bordeaux, le 15 juin, il s'opposa à l'idée de l'armistice, prôné par Weygand et Pétain, alors que, le lendemain, il nomma ce dernier à la tête du gouvernement. S'il envisagea alors de quitter le territoire français afin de continuer la guerre, il y renonça sous la pression de Pierre Laval : « Vous ne pouvez pas quitter le pays. La France ne vous le pardonnera pas. » Le 10 juillet 1940, il refusa de signer le texte accordant les pleins pouvoirs à Pétain, mais cet accès de résistance bien tardif n'empêcha pas ce dernier de suspendre dès le lendemain les institutions républicaines et de proclamer l'État français, sa dictature.

5

Le temps du secret, de Pétain à Chirac

La fin de la Troisième République, brutalement sabordée en 1940, sonna le glas de l'Élysée politique. Le palais resta inoccupé jusqu'en janvier 1947, à l'exception des quelques mois de mai à novembre 1942 où l'amiral Darlan, après avoir été remplacé par Laval à la tête du gouvernement de Vichy, s'installa dans l'appartement présidentiel. Les Allemands quant à eux se tinrent à l'écart, non sans avoir pillé la cave du chef de la maison militaire, œnologue averti. À Vichy, le nouvel ordre moral du maréchal Pétain ne se prêtait guère à la gaudriole et aux intrigues d'alcôve, du moins en apparence, car il fallait donner l'illusion d'une France régénérée par le triptyque « Travail, Famille, Patrie ». Le vieux soudard avait conservé de la vie de garnison un goût prononcé pour les conquêtes à la hussarde et les étreintes furtives dans les chambres d'hôtel… mais en secret. Puis, quand vint après la Libération le temps de la reconstruction et de l'oubli, il n'était plus question de donner aux Français qui se retroussaient les manches le spectacle dérisoire d'une classe politique s'adonnant aux plaisirs frivoles de la chair. Non pas que les mentalités eussent beaucoup évolué depuis la Belle Époque où les hommes de pouvoir aimaient à se pavaner au bras de ravissantes créatures dont le rôle était avant tout décoratif et ludique. Bien peu d'entre eux avaient lu et compris *Le Deuxième Sexe*, publié en 1949, et dans lequel Simone de Beauvoir tentait en vain d'inciter les femmes à se rebeller contre l'ordre genré. Dans la nouvelle génération politique issue de la guerre et de la Résistance, le goût du risque et la proximité de la mort avaient par ailleurs développé des pulsions de virilité et d'urgence qui prédisposaient sans doute à des comportements de prédation érotique. Conquérir une femme à la hussarde, c'était comme s'emparer d'une place forte de l'adversaire, c'était ressentir l'ivresse de la vie au nez et à la barbe de la mort. Mais la prédation allait de pair avec le secret. En un temps où la communication politique devenait de plus en plus cruciale, il fallait donner l'illusion de correspondre à l'archétype de la famille idéale dont les présidents de la Quatrième République, Vincent Auriol puis René Coty, furent des illustrations parfaites. L'un et l'autre cultivaient l'image du bon grand-père, dans une société qui sortait des années noires et qui avait besoin d'être rassurée. Avec Vincent Auriol, sa femme, son fils et ses petits-enfants, c'est toute la famille qui entrait à l'Élysée. S'il fallait chercher à l'époque le frisson de l'érotisme, c'était celui de la vitesse incarnée par sa belle-fille Jacqueline. En effet, cette belle jeune femme aux yeux clairs, passionnée d'aviation, apprit à piloter au début de la présidence de son beau-père et battit le record de vitesse féminin en 1952, malgré l'accident qui l'avait gravement blessée et défigurée trois ans plus tôt. Quant au septuagénaire René Coty, entré à l'Élysée presque par inadvertance, il ne se séparait jamais de sa docile épouse Germaine, dite « Madame sans gaine », qui faisait office de grand-mère des

Français. Et lorsque le général de Gaulle inventa en 1958 cette sorte de nouvelle monarchie appelée Cinquième République, il lui imprima sa marque de rigueur, de pudeur, de discrétion et de valeurs chrétiennes. Ministre de l'Intérieur et ami fidèle du président Giscard d'Estaing, Michel Poniatowski fit un jour cette confidence à un journaliste : « J'ai dit à Valéry : "Tu peux avoir toutes les bonnes fortunes que tu veux, et d'ailleurs, cela ne déplaît pas aux Français. Mais fais-le plus discrètement[1]". » C'est donc en secret que les jeunes loups et autres grands prédateurs de la vie politique s'adonnèrent jusqu'à une époque récente aux délices érotiques du pouvoir.

Pétain ou l'érotisme de corps de garde

Si l'on en croit une confidence faite par Philippe Pétain lui-même à l'un de ses gardiens à l'île d'Yeu, où il avait été incarcéré à partir de novembre 1945 après avoir été gracié par de Gaulle, le fringant maréchal aurait fait l'amour pour la dernière fois à l'âge de 86 ans, en 1942. Il aurait reçu de sa dernière maîtresse une lettre enthousiaste dont il se vantait en ces termes : « Pour cela, il faut être exercé. C'est probablement la dernière fois que j'ai dû faire l'amour. Et pourtant, ce que j'ai pu avoir autour de moi, à Vichy, de jeunes femmes et de jeunes filles qui me faisaient des avances ! » Fanfaronnade de vieillard déchu ou nostalgie des plaisanteries de corps de garde ? On peut évidemment s'étonner d'une telle médiocrité dans les propos d'un homme qui avait prétendu incarner la France dans les heures les plus sombres de notre histoire. Cette remarque était d'ailleurs assez révélatrice de la personnalité du maréchal, qui n'avait jamais été à la hauteur de sa destinée. Mais elle était aussi la confirmation d'un secret de polichinelle que l'entourage du maréchal avait eu bien du mal à dissimuler : Pétain était un érotomane invétéré[2]. On racontait même à Vichy que René Bousquet, alors secrétaire général de la Police, avait été réveillé en pleine nuit et prié de se rendre de toute urgence à l'Hôtel du Parc où logeait le maréchal. Il s'agissait pour lui de ramener à la raison un mari jaloux dont l'épouse se trouvait en compagnie du chef de l'État français. C'est ainsi que le vénérable vieillard aux yeux clairs, censé incarner la régénération morale de la France trahie par le Front populaire, l'homme qui fustigeait « l'esprit de jouissance » dans son discours radiodiffusé du 20 juin 1940, celui que le cardinal Gerlier, primat des Gaules, saluait le 19 novembre 1940 comme l'incarnation de la France, dissimulait sous son apparence marmoréenne le tempérament d'un chaud lapin.

Son épouse Eugénie, qui détestait son prénom et se faisait appeler « Ninie » par ses proches ou Annie par les autres, fut sans doute l'une des femmes les plus cocufiées de son époque. Il faut dire qu'elle-même était une femme de tempérament, devenue sa maîtresse en 1913 alors qu'elle était encore mariée avec un médecin, François Dehérain, ce premier mariage n'ayant été annulé par l'Église qu'en 1929. Philippe et « Ninie », de vingt et un ans sa cadette, se retrouvaient dans un pied-à-terre qu'il avait loué rue de la Tour-Maubourg, à proximité de l'École militaire. Leur idylle fut intense, passionnée et, pour le moins, chaotique, d'autant que Philippe semblait avoir de gros besoins : « Si je ne t'aimais pas physiquement, ce ne serait pas de l'amour, écrivait-il, car l'amour s'empare de tout l'être, physique et intellectuel. » C'est dans ses bras qu'il se trouvait le 25 février 1916 pendant que son aide de camp Serrigny le cherchait pour lui annoncer sa nouvelle nomination sur le front de Verdun. Mais elle n'était pas la seule dans le cœur du héros, qui multipliait les aventures. C'est ainsi qu'une infirmière, Yolande de Baye, se vantait auprès des officiers de l'état-major d'avoir une liaison avec lui, tandis que Jeanne d'Hencourt était appelée « Madame la maréchale ». Puis il revint dans les bras de « Ninie », à qui il écrivait depuis Verdun au lendemain de leurs retrouvailles : « Tu ne peux imaginer le frisson que j'ai éprouvé en me retrouvant dans tes bras. Oui, je l'avoue, j'aime aussi la chair. Le souvenir de tes caresses me fait défaillir. » Il n'empêche qu'il tomba amoureux à la fin de la guerre de la blonde cantatrice Germaine Lubin, et que chacun remarqua, lors du défilé de la victoire, le 14 juillet 1919, qu'il avait quitté le cortège officiel pour parader, à cheval, sous ses fenêtres. Mais Ninie l'ayant fort mal pris, il lui revint aussitôt, fort repentant : « J'ai beau retourner la situation dans tous les sens, je constate que je t'aime profondément, que te quitter serait le renouvellement d'un immense chagrin. »

Il se résolut à régulariser leur liaison le 14 septembre 1920 comme il convenait pour un maréchal de France déjà sexagénaire. Ce mariage tardif fut loin d'enchanter ses proches, si l'on en croit divers témoignages. Sa sœur Sara se contenta de lui écrire : « Je ne sais comment te parler de ta compagne. » Plus direct, l'un de ses anciens officiers lui reprocha d'être « plus l'esclave de votre chair que de votre devoir ». Qualifiant Ninie de « femme tarée », il poursuivait : « C'est une grande tristesse, pour vos amis réels qui auraient eu tant de joie à vous voir fonder un foyer honorable, d'avoir à constater que vous n'avez pas eu l'énergie de vous débarrasser, une seconde fois et irrévocablement, d'une chaîne pourtant rouillée et inopportune. » Mais, en réalité, cette chaîne fut aisément rompue au bon vouloir du maréchal. À peine marié, il entamait une liaison avec une certaine « Mella », de son vrai nom Jacqueline de Castex, née de Coniac, veuve d'un commandant du 24e bataillon de chasseurs où il avait servi, des années auparavant. Leur correspondance ne laisse planer aucun doute sur la nature très sensuelle de leurs relations. Ainsi, en juin 1922, elle écrivait à Pétain : « Vous m'avez laissée folle de vous, hier… Je voudrais être dans tes bras, pour t'embrasser, comme j'en ai envie en ce moment. » « Mella » était toutefois consciente que le maréchal ne quitterait pas Eugénie et semble s'être résignée à son sort, écrivant à son amant : « Alors, alors, il faut renoncer à ce doux rêve d'être avec toi dans tes bras. De t'entendre, de causer, de s'embrasser – de tout ce qui est bon moralement et physiquement, du moment que c'est avec toi. » D'ailleurs, si l'on en croit les confidences de Pétain lui-même à son aide de camp Serrigny, quand il se hasarda à demander à Ninie de lui rendre sa liberté, elle aurait saisi un revolver et l'aurait braqué sur lui, en hurlant : « Ce sera moi ou une balle dans la peau ! » Cela dit, il continua à voir « Mella », pendant de longues années, au point de passer trois semaines incognito en mars 1939 avec celle qu'il présentait comme sa « cousine », dans leur petit nid d'amour normand de l'auberge du Cheval blanc, à Vire, juste avant que l'infatigable octogénaire ne parte s'installer comme ambassadeur de France à Madrid.

Tout autre bien sûr était l'image que proposait aux Français la propagande officielle du régime de Vichy, qui avait totalement sanctifié Pétain, comparé à Jeanne d'Arc ou à Saint Louis. Au passage, il fit célébrer en mars 1941 son mariage religieux avec Ninie, sous la pression des autorités ecclésiastiques qui voyaient d'un mauvais œil leur homme providentiel continuer à vivre dans le péché avec sa compagne. Le pape Pie XII lui-même en était tenu informé car il s'inquiétait de la situation matrimoniale du chef de l'État français. La mythologie pétainiste s'appuyait sur ce qu'elle appelait le « serment de Mazinghem », qu'il aurait prêté dans sa prime jeunesse, en 1888, auprès de son oncle et confesseur, l'abbé Legrand. À cette époque, l'objet de sa convoitise était Marie-Louise Regard, jeune fille « d'une rare beauté, blonde, élancée », fille du propriétaire des Forges du Quincey et héritière par sa mère d'une des principales fortunes franc-comtoises. Mais les parents de la belle n'acceptaient de lui donner la main de leur fille qu'à la condition qu'il quitte l'armée pour entrer dans leur entreprise familiale. Face à ce chantage, le jeune saint-cyrien aurait beaucoup réfléchi et prié avec l'abbé Legrand, avant de décider de rester fidèle à sa vocation militaire et à sa « mystique Fiancée », la France. « J'étais jeune officier et ce fut un serment intérieur. Lorsque j'ai renouvelé ce serment pour la France, j'ai renoncé à tout », concluait le vieux maréchal, en faisant « don de sa personne » au pays.

Il oubliait simplement qu'avant Marie-Louise Regard, il avait déjà demandé la main de Céline Brassart, une jeune fille de l'Artois, de neuf ans son aînée, qui le refusa, puis d'Antoinette Berthelin, fille d'un ingénieur de Besançon, puis d'Angéline Guillaume, fille du directeur de l'agence locale de la Société Générale. Et après Marie-Louise, il y avait eu une jeune fille de Provins, Lucie Delarue, avec laquelle il avait « profané le clair de lune » comme l'écrivait la belle, future poétesse. Comme elle le trouvait trop vieux, elle avait finalement épousé un autre poète, Joseph-Charles Mardrus, sans doute porté sur l'érotisme car il était le traducteur en français des *Mille et Une Nuits*. Quand Philippe Pétain, âgé de 64 ans, avait finalement choisi Ninie, alerte quadragénaire, il avait eu ce mot amer : « On se marie toujours trop tôt. » Nonagénaire mais toujours vert, il s'exclamait encore à l'île d'Yeu : « Le cul et la gueule, il n'y a que cela de vrai ! » Néanmoins, la plus grande cocue de France lui resta fidèle jusqu'au bout, venant le visiter régulièrement et lui écrivant des lettres affectueuses. En revanche, le directeur de la prison la surnommait « la garce » ou « la reine mère », et les gardiens étaient unanimes à la détester. L'un d'entre eux écrit même dans son journal intime : « Avec quel plaisir, je lui botterais les fesses ! » Même le curé de Port-Joinville jugeait que « Mme Pétain n'est pas sociable. Grossière et mal embouchée, elle scandalise tout le monde[3] ». À la mort du maréchal, l'acariâtre Eugénie hérita de la cantine militaire de son mari contenant des centaines de lettres parfumées qu'elle s'empressa de brûler. Pour elle comme pour tous les Français de l'après-guerre, c'était un passé qui ne passait pas[4].

Les pervers du perchoir

Comment imaginer personnages plus différents que le vieux maréchal en culotte de peau adulé par la France catholique et l'intellectuel Édouard Herriot, figure de proue de la République radicale, franc-maçonne et laïque pendant plus d'un demi-siècle, l'une des personnalités politiques les plus détestées par la presse collaborationniste ? S'il est vrai qu'Herriot, alors président de la Chambre des députés, s'était un peu fourvoyé le 9 juillet 1940 en prêtant allégeance à Pétain, le héros de Verdun, « dans la vénération que son nom inspire à tous », il s'était néanmoins abstenu de lui voter les pleins pouvoirs le lendemain et n'avait pas tardé à exprimer sa réprobation à l'encontre de la politique de collaboration, ce qui lui avait valu d'être en résidence surveillée à partir de 1942. Il avait retrouvé en 1947 la présidence de la Chambre, devenue Assemblée nationale, où il siégea jusqu'en 1954, presque trente ans après son arrivée au perchoir. Son charme, selon François Mauriac, naissait du « contraste entre la culture, tous les dons d'une intelligence royale et la ruse, disons la finesse, politicienne ». Néanmoins, si ce « gros homme charmant », agrégé de lettres, fin et cultivé, était aux antipodes intellectuels et politiques du maréchal Pétain, ils partageaient une passion dévorante pour le sexe féminin.

À vrai dire, on sait très peu de choses sur la vie privée de celui qui fut pourtant l'une des figures majeures de la vie politique française sous deux républiques. Officiellement, il formait un couple très uni avec sa femme Blanche, fille du docteur Fleury Rebatel, qu'il avait épousée le 28 octobre 1899. Cette union avait facilité l'entrée en politique du jeune homme de 27 ans, car le père de la mariée était président du conseil général du Rhône. Il restait cependant très discret sur leur mariage, comme le prouve l'un des rares reportages qui furent consacrés à sa vie privée dans le magazine *Vu*, le 16 mai 1928. Ministre de l'Instruction publique et maire de Lyon, il s'était laissé photographier à son domicile, posant en veste d'intérieur et en pantoufles, prenant le café dans sa bibliothèque, ouvrant les portes de son bureau voire même de sa chambre à coucher. En revanche aucune allusion n'était faite à son épouse et à sa famille.

Cependant, la rumeur allait bon train dans les bouchons lyonnais sur le penchant immodéré de Monsieur le Maire pour le beau sexe. Les proches d'Herriot savaient qu'en 1915, il avait eu avec une demoiselle Janin une fille naturelle prénommée Suzanne, qu'il présentait comme sa nièce et qu'il avait déclarée sous le nom de Collon, celui de sa propre mère. Suzanne Collon-Janin, qui avait hérité du goût de son père pour la littérature, devint par la suite une grande spécialiste de Balzac, mariée à un autre universitaire de renom,

Jean Bérard. Mais pour le reste, on ignore qui furent les conquêtes du maire de Lyon, que l'on disait nombreuses et délurées. *Le Canard enchaîné* s'amusait à proposer à ses lecteurs une contrepèterie très évocatrice : « Le maire de Riom a de belles élections. » Peut-on voir un clin d'œil dans le dessin intitulé *La Luxure* que publia le journal satirique *D'Artagnan* en 1932 et qui représentait Édouard Herriot assis, fumant sa célèbre pipe, tandis que trois danseuses en tunique transparente se déhanchaient lascivement devant lui, portant les noms de « Paix », « Démocratie » et « Laïcité » ? On ne pouvait mieux décrire la dualité du personnage, à la fois figure exemplaire de respectabilité républicaine et insatiable chasseur de plaisirs sensuels.

On racontait qu'il aimait que ses petites amies se déguisent en infirmières. Un jour, un préfet de police l'aurait d'ailleurs taquiné en lui lançant : « Bonjour, docteur ! » On disait aussi que la nature l'avait gâté, et qu'à l'une de ses maîtresses qui s'en félicitait, il aurait répondu, en bon républicain : « Oui, madame, j'en suis fier, pour la France ! » Pour le reste, il faut se contenter de rumeurs et de supputations, en rappelant néanmoins que sa thèse, publiée en 1909 chez Plon, portait sur « Madame Récamier et ses amis », ce qui résume assez bien les goûts du personnage pour la beauté sous toutes ses formes, à la fois féminines et artistiques. Et si l'on inventorie les aphorismes dont Herriot s'était fait une spécialité, on y trouve une vision un peu cynique, gourmande et sensuelle de la femme qui correspond à la réputation qu'il s'était taillée. « Il serait sage de ne pas aimer les femmes que l'on possède et de ne pas posséder les femmes que l'on aime », disait-il par exemple, ajoutant que « les femmes, les automobiles, les châteaux, sont trois biens inestimables lorsqu'ils appartiennent à d'autres », félicitant une « femme honnête » qui, « depuis qu'elle a pris des amants, ne les a jamais trompés avec son mari » et donnant ce conseil à ses amis : « Hâtez-vous de céder à la tentation de peur qu'elle ne passe. » Eh bien, il semble qu'Édouard Herriot ait mis en pratique ses propres maximes jusqu'au bout de sa carrière politique !

On notera avec amusement ou effroi, c'est selon, que celui qui lui succéda au « perchoir » de l'Assemblée en janvier 1954, le socialiste André Le Troquer, n'était pas moins obsédé par le sexe que son prédécesseur. Cette grande figure de la Résistance, qui avait défilé aux côtés du général de Gaulle sur les Champs-Élysées, le 26 août 1944, allait terminer sa carrière dans l'opprobre et le déshonneur de ce qui fut le premier grand scandale de mœurs de la Cinquième République : l'affaire des ballets roses. Elle fut révélée dans l'édition du 23 janvier 1959 du magazine *Aux écoutes du monde*, spécialisé dans les rumeurs sordides et les potins mondains, alors que Le Troquer venait de quitter l'Assemblée après sa défaite aux élections législatives de novembre 1958. L'article, intitulé « La "petite folie" du Butard », racontait que des parties fines avaient été organisées entre des personnalités et des jeunes filles mineures en divers endroits de la région parisienne, dont un pavillon de chasse situé tout près de Paris, dans la forêt de Fausses-Reposes, mis à la disposition du président de l'Assemblée nationale. Malgré le démenti formel de l'ancien titulaire du perchoir, toute la presse s'empara aussitôt de l'affaire et les révélations se succédèrent.

On apprit que Le Troquer avait été nommément accusé par son « rabatteur », un certain Pierre Sorlut, ancien chauffeur du directeur de la DST, lui-même inculpé pour incitation de mineures à la débauche. Pendant trois ans, ce dernier aurait mis en relation de vieux messieurs et de très jeunes filles, dont la benjamine n'avait pas 13 ans. Strip-tease, sadomasochisme, orgies figuraient, semble-t-il, au programme de ces rencontres. Arrêté le 3 décembre 1958 grâce au témoignage de la mère de l'une des jeunes victimes, Sorlut n'avait pas tardé à se mettre à table. Beau gosse et beau parleur, il promettait aux parents des jeunes filles que ses relations pouvaient assurer la carrière de leurs chères petites. Afin de les désinhiber, il leur offrait du champagne, du whisky et des « drôles de cigarettes » à la marijuana. Une quarantaine de personnes auraient assisté à ses « ballets licencieux », qu'un journaliste de *France-Soir* baptisa « ballets roses ». Parmi eux, quelques personnalités de la mode, le directeur d'une maison de produits de beauté, deux coiffeurs en vogue, une marquise italienne, une chanteuse de l'Opéra-Comique, un major américain, un colonel français et un grand restaurateur parisien. Mais qui pouvait imaginer qu'André Le Troquer, 74 ans, figure historique de la SFIO, héros de la Grande Guerre où il avait perdu un bras, compagnon du général de Gaulle à la Libération, plusieurs fois ministre, serait impliqué dans une pareille affaire ?

On savait dans les milieux bien informés qu'il avait toute sa vie apprécié les starlettes. Mais beaucoup furent surpris en apprenant qu'il venait d'être inculpé par le juge Sacotte, le 31 janvier 1959, pour attentat aux bonnes mœurs. Trois jours plus tard, ce fut le tour de sa compagne Élisabeth Pinajeff, fausse comtesse d'origine roumaine, ex-actrice et peintre mondaine, à laquelle on devait notamment des portraits de la reine d'Angleterre et de Mme René Coty. C'est elle qui aurait mis en scène la chorégraphie des « ballets roses » organisés par Sorlut. Le Troquer se fit alors mettre en congé de la SFIO, afin, disait-il, que son parti ne soit pas gêné par cette affaire, qu'il présentait comme une vengeance politique des gaullistes. Heureusement pour lui, une autre affaire surgit à ce moment-là dans l'actualité, l'affaire Lacaze, une histoire d'espionnage qui tint en haleine les lecteurs de la presse populaire. On s'inquiéta pour la santé d'Édith Piaf, on s'intéressa à la tournée en province du général de Gaulle, et, au bout de quinze jours à peine, on oublia les « ballets roses ».

Aucun éditorial marquant dans la presse de l'époque, aucune récupération politique, aucune polémique. Il était difficile de s'attaquer à une figure comme André Le Troquer, qui personnifiait la France résistante. Et c'est donc dans une relative indifférence des journaux, et surtout de l'opinion, que se déroula le procès où il comparut en compagnie de 22 autres prévenus du 28 avril au 2 mai 1960. Il fut reconnu coupable et condamné à un an de prison avec sursis et 3 000 francs d'amende. Lorsqu'il publia ses Mémoires, en juin 1962, sous le titre *La parole est à André Le Troquer*, il n'y eut pas une ligne sur l'affaire des « ballets roses », pas un mot pour se disculper. Silence pudique ou aveu de culpabilité ? Il disparut le 11 novembre 1963, entre ombre et lumière, entre l'héroïsme du grand résistant et l'amertume d'un triste scandale de mœurs. Une nouvelle génération avait pris la relève, elle aussi marquée par le clair-obscur.

L'adultère tragique de Pierre Chevallier

La génération qui avait pris le pouvoir à la Libération s'était trempée au feu de la Résistance et de ses dangers, et certains d'entre eux semblaient avoir développé une sorte de survirilité prédatrice envers les jeunes femmes fascinées par leur pouvoir. Ce fut le cas par exemple de Pierre Chevallier, brillant quadragénaire devenu maire d'Orléans puis député du Loiret à la Libération. Nommé secrétaire d'État à l'Enseignement technique, à la jeunesse et aux sports dans le second gouvernement Pleven, le 11 août 1951, il n'avait eu que quelques heures pour se réjouir de sa nomination. Le lendemain, un dimanche, alors qu'il s'apprêtait à se rendre à l'inauguration du pont suspendu de Châtillon-sur-Loire, son épouse Yvonne l'abattit de plusieurs balles de revolver. Il venait de lui avouer sa liaison avec la belle Jeanne Perreau, elle-même infidèle épouse d'un industriel orléanais. C'en était trop pour l'épouse bafouée, sage-femme aux origines très modestes qu'il avait épousée en 1935 et qu'il délaissait depuis de longues années. Chacun avait remarqué à Orléans que le député-maire n'emmenait plus sa femme dans les réceptions mondaines, et l'on savait qu'ils faisaient chambre à part et que leur couple n'était plus qu'une fiction. Brillant médecin issu de la bonne bourgeoisie orléanaise, Pierre Chevallier, à qui tout réussissait, ne supportait plus la présence à ses côtés de cette femme simple, qui se montrait d'une jalousie farouche. Le 13 juin, Yvonne Chevallier avait trouvé un petit mot de Jeanne Perreau en rangeant une veste de son mari et le doute qui la rongeait s'était mué en certitude. Comme elle reprochait à son époux son infidélité, il l'avait durement rabrouée : « Prends un amant, tu me dégoûtes ! » Par écrit, elle l'avait supplié de la reprendre : « Mon petit Pierre chéri, je me rends compte que je n'ai pas volé ce qui m'arrive [...] J'ai de la déférence pour ta supériorité. » Mais il était subjugué par sa maîtresse et, lors de la dispute finale du 12 août, il annonça cruellement à Yvonne que, dès leur divorce, il épouserait Jeanne. « Si tu m'abandonnes, je me tue ! », lui aurait lancé Yvonne, ce à quoi il aurait répliqué : « Tue-toi donc, c'est ce que tu auras fait de mieux dans ta vie ! » Le revolver était à portée de main, et la haine de l'épouse humiliée fit le reste.

Son coup de folie passé, Yvonne Chevallier appela le commissariat d'Orléans et attendit les policiers en tenue de veuve. Neuf heures durant, elle leur expliqua son geste. Elle affirmait avoir d'abord acheté le revolver pour se suicider. Elle n'en pouvait plus de l'humiliation que lui imposait son mari et ne supportait plus l'autre, « la femme plus belle que moi, plus jeune que moi » qui avait conquis le cœur de son Pierre. « Face à ma rivale triomphante et sereine, je devenais de jour en jour plus triste et plus laide, » confiera-t-elle à *France Dimanche.* Au policier, elle raconta le mot de trop de son mari qui avait tout fait chavirer : « Va-t'en ! Tu sens mauvais, tu empestes mon atmosphère ! » Au terme de l'interrogatoire qui s'était déroulé à son domicile, elle fut évacuée de sa résidence bourgeoise de la rue Jeanne-d'Arc. « À mort ! », criait la foule qui s'était massée dans la rue. Les deux enfants du couple furent séparés. On leur disait : « Maman est en Amérique. » Le procès eut lieu les 5 et 6 novembre 1952 devant la cour d'assises de la Marne, les juges ayant préféré s'éloigner de la pression orléanaise. Dans les rues de Reims, « 2 à 3 000 personnes stationnaient pour attendre la décision », rapporta Jean Laborde, envoyé spécial de *France-Soir,* la foule rémoise étant plutôt favorable à l'acquittement. Et, de fait, l'instruction démontra que cette petite femme brune dévastée avait agi sous l'effet d'une irrépressible pulsion exacerbée par sa jalousie maladive. « Sa responsabilité est atténuée », affirmèrent les psychiatres, et l'avocat général ne réclama que deux ans de prison. Les jurés, tous masculins, conclurent à « un crime commis sans préméditation dans une crise purement passionnelle », et c'est ainsi qu'à l'instar d'Henriette Caillaux, quarante ans plus tôt, Yvonne Chevallier fut à son tour acquittée. Les journaux britanniques, jamais avares d'humour noir, annoncèrent ironiquement une hécatombe de maris français trompant leur femme. Mais la foule rémoise applaudit à tout rompre le verdict de clémence, ovationnant le fourgon cellulaire qui la ramenait vers la liberté. Seul un Français pouvait comprendre ce que l'amour déclenche dans le cœur d'une femme délaissée. Yvonne Chevallier, brisée pour toujours, partit en Guyane, où elle finit sa vie comme infirmière en soignant les lépreux.

Le premier amour de François Mitterrand

Heureusement, les amours vagabondes des autres ténors de la génération de Pierre Chevallier, devenus les figures de proue de la Quatrième République, ne se terminèrent pas aussi tragiquement. Dans les cercles du pouvoir, on savait pourtant que certains d'entre eux se montraient fort sensibles aux charmes des jolies femmes qui papillonnaient autour d'eux. Le plus doué, le plus ambitieux et sans doute le plus séducteur d'entre tous était François Mitterrand, jeune leader de l'UDSR, l'Union démocratique et socialiste de la Résistance, une sorte de pépinière pour les jeunes loups de la Troisième Force qui lorgnaient sur les portefeuilles ministériels. À peine quadragénaire, il fut nommé dès 1947 ministre des Anciens Combattants dans le gouvernement de Paul Ramadier et, dès lors, ne quitta plus les hautes sphères du pouvoir, multipliant les responsabilités ministérielles comme il collectionnait les conquêtes féminines. Parmi ses conquêtes de l'époque figurait sans doute la grande journaliste Françoise Giroud, cofondatrice de *L'Express* en 1953 en compagnie de celui qui était son amant, Jean-Jacques Servan-Schreiber. Elle démentit en termes virulents l'idylle qu'on lui prêtait avec le futur président : « Je suis l'une des rares femmes à ne pas avoir eu avec lui ce genre de lien ! Ce qui m'a toujours frappée dans ses rapports avec les femmes, c'est qu'elles étaient moches. C'était un homme qui n'aimait pas les jolies femmes[5]. » Double affirmation plus que douteuse.

On racontait qu'au soir du 16 juin 1954, lors de la constitution du cabinet Pierre Mendès France, un petit groupe de ministrables et de conseillers s'était réuni, rue du Conseiller-Collignon, au domicile du président du Conseil. Jusque tard dans la soirée, on attendit François Mitterrand pour connaître ses exigences car il devait être l'un des piliers du nouveau gouvernement. Il semble qu'il ait passé la soirée en compagnie de l'actrice Martine Carol, grande star de l'époque, qu'il avait rencontrée lors du Festival de Cannes. Plus tard, on lui prêta une aventure avec une autre actrice en vogue, Danièle Delorme, et l'on dit même que l'autre Danielle, sa femme, manqua de se faire écraser en apprenant la liaison de son mari[6]. C'était plus fort que lui ! « La belle route des promenades idéales, qui m'attire, est encore dure à mon pas », écrivait-il en 1942 à sa cousine Marie-Claire, dite Clairette, en ajoutant que l'amour ne lui semblait « parfait ou plutôt complet que sensible ». Il était clair que cette sensibilité du jeune hédoniste se manifestait par une sensualité exacerbée, que ce soit dans le train lorsque sa « voisine respectable ne quittait pas du regard ses bras nus » ou quand un phare d'auto venait « dessiller un beau visage de femme[7] ». C'était déjà quatre longues années après la rencontre de son premier grand amour, Marie-Louise Terrasse, jolie blonde pleine de vivacité et d'humour qu'il avait croisée le 28 janvier 1938 lors du bal de l'École normale supérieure. Amoureux fou de celle qu'il avait surnommée Béatrice, par référence à l'égérie de Dante, il lui fit une cour assidue, parsemée de lettres enflammées et de billets doux, si bien qu'ils furent fiancés le 3 mars 1940, alors qu'elle n'avait que

17 ans. Mais lorsque François revint de la guerre et de la captivité deux ans plus tard, la belle inconstante avait donné son cœur à un autre et lui rendit sa bague de fiançailles. « Cet épisode fut terrible pour lui et laissa des traces très profondes », témoigna Irène Dayan, la femme de son ami Georges. Il semble bien dès lors que la sensualité, l'érotisme et le goût de la conquête prirent le pas, au moins pour un temps, sur l'idéalité du grand amour. Pourtant, Marie-Louise lui revint quelques années plus tard, mais alors qu'il était marié à Danielle Gouze depuis le 28 octobre 1944 et qu'il était déjà père de deux enfants, Jean-Christophe et Gilbert, nés respectivement en 1946 et 1949. Séducteur irrépressible, il ne résista pas au plaisir de reconquérir son premier amour, elle-même malheureuse en ménage, et ce retour de flamme conduisit le plus jeune ministre de la Quatrième République à faire embaucher Marie-Louise comme speakerine à la RTF, où elle devint, sous le nom de Catherine Langeais, l'un des visages les plus populaires de la télévision. Ils restèrent toute leur vie très proches, François faisant envoyer des fleurs à Marie-Louise à chaque anniversaire de leur rencontre. Nul doute que ses autres conquêtes n'eurent pas droit au même traitement de faveur, même pas Martine Carol.

Les fringants de la Quatrième

Parmi les autres jeunes loups de la Quatrième République, familiers des Conseils des ministres de l'Élysée, le plus porté sur la bagatelle était sans doute le radical Edgar Faure, surdoué du barreau puis de la politique, et parvenu à la présidence du Conseil en février 1955. Réputé pour son cheveu sur la langue aussi bien que pour son sens de la repartie, il ne l'était pas moins pour sa frénésie de conquêtes féminines. Nombre d'anecdotes circulaient à l'époque sur son appétit érotique inextinguible, coloré d'un machisme assumé qui aujourd'hui ferait scandale. Ministre à l'époque du général de Gaulle, il se fit tirer les oreilles pour avoir manqué une réunion extraordinaire du Conseil, un soir où le chef de l'État rentrait du Brésil : « Alors, Monsieur le ministre, on sort le soir ? » Mais il continua néanmoins à multiplier les aventures tout au long de sa carrière. Patrick Poivre d'Arvor raconte qu'étant arrivé en retard à une conférence de presse, Edgar Faure s'était incliné vers l'une des personnes présentes et lui avait lancé, sans savoir que le micro était ouvert et que la salle entière allait tout entendre : « Excusez-moi, j'étais en train de baiser. » Lorsqu'il devint en 1972 ministre des Affaires sociales sous Georges Pompidou, sa liaison avec une jeune femme russe mit en émoi les services du contre-espionnage. « Les histoires russes d'Edgar, c'est limite », confia le chef de l'État au journaliste Claude Imbert. Puis lorsque, alerte sexagénaire, il siégea en 1973 au perchoir de l'Assemblée nationale, la rumeur courut qu'il avait fait construire une porte dérobée dans l'hôtel de Lassay pour pouvoir rencontrer ses maîtresses en toute discrétion.

Son ami et collaborateur Pierre Jeambrun avouait lui-même que « la conquête féminine à toute heure et en tous lieux constituait son exercice favori et nécessaire. C'était un amusement, une sorte de challenge. Ah ! Voir tomber la petite culotte ! Il aimait avant tout séduire. Edgar était un grand séducteur[8] » ! Auprès du même Jeambrun, Edgar Faure se vantait de pouvoir trouver chaussure à son pied en tournant simplement la tête, « par rotation périphérique ». Évoquant les assauts de ses admiratrices dans les cocktails, il disait : « Elles butinent, mon cher Pierre, mais c'est moi qui mange le miel. » Et la vanité confinait souvent à la goujaterie, par exemple à propos de sa liaison avec une femme de lettres dont quelqu'un lui demandait si elle n'était pas trop grande pour lui : « Mon cher, je ne l'ai jamais vue qu'à genoux », aurait-il répondu sans vergogne. Ou lorsque, s'avançant vers une femme appuyée contre une cheminée, il lui aurait lancé : « Si c'est pour moi, pas trop cuit. » Ces petits accès de trivialité gratuite ne l'empêchaient pas d'être un homme courageux, qui n'avait pas hésité à témoigner en faveur de son collègue Pierre Mendès France, du même âge que lui, lors du procès inique que lui avait intenté en 1941 le régime de Vichy. Puis le fringant Edgar Faure avait rejoint le général de Gaulle à Alger avant de devenir chef du service législatif du gouvernement provisoire. Il y avait une raison très personnelle à son départ de la métropole, qui était de protéger sa femme Lucie, qui était juive. En dépit des frasques amoureuses de son volage époux, Lucie Faure, intellectuelle de renom, romancière, créatrice de la revue *La Nef*, fut sa compagne dévouée jusqu'à sa mort. Si l'on en croit Pierre Jeambrun, l'activité extraconjugale d'Edgar « n'avait rien à voir avec l'amour profond et réel qu'il portait à son épouse. C'était un besoin physique à satisfaire, sans plus. Parfois, il me disait : "Cela me démange, alors j'y vais !" ».

En cela, il était assez caractéristique de cette génération née dans la France compassée et rigide de l'entre-deux-guerres et qui s'était révélée dans la tragédie de la guerre et de l'occupation, façonnée par l'urgence de vivre intensément ses pulsions et ses désirs. Ils étaient des rescapés, à l'instar de François Mitterrand, dont le double jeu entre Vichy et la Résistance, où il était Morland, aurait pu lui valoir la mort ! Et que dire de Jacques Chaban-Delmas, lui aussi étoile montante de la Quatrième République, ministre de Pierre Mendès

France aux côtés de François Mitterrand et connu lui aussi pour son goût des jolies femmes ! Gaulliste de la première heure, Jacques Delmas devenu Chaban avait cent fois risqué sa vie lors des missions clandestines du BCRA (Bureau central de renseignements et d'action) du colonel Passy, devenant le plus jeune général de la Résistance et l'émissaire du général de Gaulle au moment de la libération de Paris. Marié quelques mois avant la guerre avec Odette Hamelin, la fille du fondateur du journal *L'Information économique et financière* auquel il collaborait, il avait eu trois enfants avec elle entre 1940 et 1945, mais ses activités clandestines l'avaient éloigné d'une vie tranquille de bon père de famille. Il avait notamment retrouvé à Londres en 1943 une partenaire de tennis de sa jeunesse, Marie-Antoinette Iôn, une très jolie petite blonde aux yeux verts qui lui offrait le plaisir sulfureux du fruit défendu. L'un et l'autre ayant divorcé après la Libération, ils s'étaient mariés en mai 1947 et avaient eu un fils, ce qui n'empêchait pas le jeune et beau champion de tennis et de rugby de faire tourner les têtes des journalistes et des assistantes parlementaires qui gravitaient autour de lui[9]. Nul doute que la proximité du danger avait renforcé chez des hommes courageux comme Mitterrand et Chaban, d'ailleurs très proches l'un de l'autre, un surmoi viril dont ils retrouvaient le parfum obsédant au moment de conquérir une femme. Et l'obsession du secret, cultivée dans l'armée des ombres, donnait à leurs conquêtes un supplément de transgression qui n'était pas pour leur déplaire.

Ce n'était pas le cas d'Antoine Pinay, autre figure marquante de la Quatrième République, considéré comme le sauveur du franc lors de son passage à la présidence du Conseil en 1952. Ce vieux routier de la Troisième République, né en 1891, maire de Saint-Chamond depuis 1929 et député depuis 1936, n'appartenait pas à la nouvelle génération issue de la Résistance. Cela ne l'empêchait pas d'avoir une réputation de coureur de jupons invétéré, qui contrastait totalement avec son image publique de bon père de famille, chef d'une petite entreprise de tannerie qu'il tenait de son épouse Marguerite. Aux yeux du grand public, il était « l'homme au chapeau mou », le Français moyen par excellence, bon mari, bon père de famille, assidu à son bureau comme à la messe du dimanche. Après son passage au ministère des Finances en 1958, sous la présidence du général de Gaulle, il devint « le sage de Saint-Chamond », respecté, honoré et souvent consulté par ceux qui lui succédèrent au pouvoir. Et pourtant, chacun savait que ce respectable vieillard, disparu à presque 103 ans en 1994, avait été tout au long de sa carrière un redoutable chaud lapin. On murmurait que, lorsqu'il était ministre, plusieurs hôtesses de l'air s'étaient offusquées de ses mains baladeuses, et qu'une employée d'hôtel avait vu étouffer sa plainte pour les mêmes raisons. On disait que son soutien au général de Gaulle en 1958 devait beaucoup aux écoutes téléphoniques des Renseignements généraux qui auraient enregistré une conversation dans laquelle il évoquait sa liaison torride avec une toute jeune fille mineure. En échange de son absolution, il s'était résolu à devenir gaulliste. Et lorsqu'il avait envisagé en 1965 de se présenter à l'élection présidentielle contre le général de Gaulle, ses goûts pour les lolitas auraient à nouveau perturbé ses projets. En effet, si l'on en croit les confidences de l'un de ses collaborateurs à l'historienne Sylvie Guillaume, la principale raison de son renoncement aurait été la menace brandie par les gaullistes « de sortir des dossiers impliquant Pinay dans des ballets roses[10] ». Mais cela ne semble pas l'avoir assagi, car, nonagénaire, il importunait encore les journalistes féminines venues l'interviewer.

À l'ombre du Général

Nul doute que le général de Gaulle ne fut pas au courant des manigances supposées de son entourage à l'encontre de son ancien ministre des Finances, mais il est certain qu'il ne cautionnait pas son penchant pour les jeunes filles. La rumeur lui prêtait d'anciennes liaisons du temps où il était capitaine, d'autres prétendaient qu'il était intime avec l'actrice Simone Valère, mais ce n'étaient que ragots et rumeurs évidemment absurdes. Le couple de Gaulle savait d'ailleurs s'en amuser, comme l'illustre la scène suivante, relatée par Alain Peyrefitte, ministre de l'Information. En août 1962, le chef de l'État raconta au général Eisenhower, venu lui rendre visite, qu'une femme faisait chaque année le trajet de Lourdes à Colombey pour le rencontrer car la Sainte Vierge lui avait dit : « Il faut que tu aies un enfant de De Gaulle ! » Ce à quoi répondit en riant Yvonne de Gaulle : « Je ne suis pas inquiète. Il faut la voir ! Elle n'est pas tentante…[11] » En revanche, il n'est pas sûr que celle qu'on surnommait « tante Yvonne » ait beaucoup apprécié la visite à l'Élysée de Brigitte Bardot, le 5 décembre 1967, pour la soirée annuelle des arts et lettres. La bombe sexuelle explosa ce soir-là en prenant à contre-pied le protocole vestimentaire. Alors que chignon et robe du soir étaient de rigueur, elle débarqua cheveux détachés et veste de hussard à brandebourgs sur le dos. Elle avait essayé la veille cette tenue pour le moins originale en compagnie du Premier ministre Georges Pompidou et de sa femme, avant-gardistes dans l'âme, qui l'avaient encouragée à la porter. « Chic, un militaire ! », se serait exclamé le chef de l'État en la voyant, plus amusé que choqué. Au « Bonsoir, général » de l'actrice, il répliqua par un : « Madame, c'est le cas de le dire. » Et de Gaulle d'ajouter : « Quelle chance, madame ! Vous êtes en uniforme et moi je suis en civil. » Quelques jours plus tard, elle apprit qu'elle avait été choisie pour incarner le visage de Marianne, mais ce fut le seul moment d'érotisme à l'Élysée gaullien. Le Général détestait le passé libertin de cette bonbonnière galante, si éloignée de son idéal de grandeur nationale. Il lui préférait les Invalides, l'École militaire, voire même le château de Vincennes. Dans l'appartement présidentiel, Yvonne de Gaulle fit accrocher une pietà, symbole de sa dévotion à la Vierge, prêtée par le musée du Louvre. Quand le couple restait à l'Élysée pour le week-end, ils assistaient à la messe du dimanche, célébrée dans la chapelle du palais par son neveu. C'est là que le Général fit placer à son retour de Pologne en septembre 1967 l'effigie de la Vierge de Czestochowa qui lui avait été offerte là-bas. On était bien loin des frasques du comte d'Évreux.

Yvonne de Gaulle donnait le ton de cette pieuse rigueur élyséenne. Si l'on en croit le témoignage du journaliste Jean Mauriac, qui les suivait pour l'AFP depuis 1945, « Mme de Gaulle était très bien renseignée sur la vie privée des membres de l'entourage du Général, des ministres, des hauts fonctionnaires, des préfets, des ambassadeurs. Elle connaissait les divorces, les séparations, et le reste ». Et il ajoute que « certains, sans aucun doute, n'auraient pas attendu si longtemps avant d'entrer au gouvernement si Mme de Gaulle n'avait exprimé au Général sa condamnation quant à leur vie privée[12] ». Il n'y avait donc aucune place pour l'érotisme au palais présidentiel, pas même pour les barons du gaullisme qui gravitaient autour du Général. C'est ainsi qu'Olivier Guichard, qui pourtant avait été son chef de cabinet depuis 1951 pendant la « traversée du désert », se vit privé de portefeuille ministériel en 1958 à cause de sa vie privée non conforme aux canons gaulliens. Marié à Suzanne Vincent, qu'il avait rencontrée dans la Résistance, il avait pour maîtresse la journaliste de *Elle*, Daisy de Galard, née Daisy de Gourcuff, elle-même épouse du journaliste Hector de Galard. « Tante Yvonne » ayant désapprouvé cette liaison connue du Tout-Paris, ce fidèle du Général dut patienter jusqu'en 1968 pour être nommé ministre du Plan et de l'Aménagement du territoire. Le couple présidentiel manifesta un peu plus d'indulgence envers André Malraux, « la voix » du Général, inamovible ministre de la Culture de l'époque gaullienne, et qui pourtant vivait hors mariage avec la femme de lettres Louise de Vilmorin, son amour de jeunesse, tandis que sa seconde femme Madeleine, épousée en 1948, était réduite à un rôle de représentation. « Tous ces protocoles, toutes ces réunions, ces dîners de luxe étaient très convenus », se souvient l'épouse délaissée, brillante pianiste de réputation internationale qui avait abandonné sa carrière pour épauler son ministre de mari. Pour tromper « la douleur extrême » que lui avait infligée ce dernier, elle reprit d'ailleurs sa carrière de concertiste. Elle se souvient aussi que le général de Gaulle n'avait pas hésité à réprimander Malraux pour son infidélité et qu'il ne reçut jamais Louise de Vilmorin à l'Élysée.

Un autre « baron » du gaullisme sut en revanche échapper à la vigilance morale de Mme de Gaulle. Il faut dire que l'austère et discret Maurice Couve de Murville, grand bourgeois protestant devenu l'inamovible ministre des Affaires étrangères du Général, puis son Premier ministre en juillet 1968, ne laissait en rien entrevoir sous ses dehors de diplomate policé, tout en onction et en réserve, le feu sensuel qui couvait sous la cendre. Mme Billy, qui tenait un établissement du XVIe arrondissement où plusieurs hommes politiques venaient se distraire un moment en compagnie de jeunes femmes accortes, déplorait qu'un « habitué » ait cessé de venir lorsque le Général l'avait appelé au Quai d'Orsay. « Je l'ai beaucoup regretté », disait-elle, ajoutant qu'il « était très sympathique, beaucoup moins sérieux que dans l'exercice de ses fonctions ». Si l'on rappelle que Maurice Couve de Murville occupa le ministère des Affaires étrangères de juin 1958 à mai 1968 et que son successeur fut Michel Debré, qui n'était pas homme à s'encanailler de la sorte, il y a peu de doute sur l'identité de « l'habitué » en question. D'autant que d'autres témoignages laissent entendre que cet homme d'apparence digne et réservée ne l'était pas autant qu'il le laissait paraître. On sait qu'il fréquentait en Suisse la maison de Jean Jardin, son ancien collègue au ministère des Finances sous Vichy, et qui l'avait d'ailleurs aidé à partir vers l'Afrique du Nord quand Couve de Murville avait voulu rejoindre le général de Gaulle en 1943. Surnommé « le Nain jaune », Jean Jardin vivait dans une grande liberté sexuelle que décrit son petit-fils Alexandre dans *Le Roman des Jardin* : « Gamin, écrit-il, je voyais donc défiler pendant les vacances les galants et les maîtresses des couples légaux avec qui nous avions l'habitude de trinquer. Une bonne partie de la classe politique des années 1970 vint y forniquer sous mes yeux. » Et il évoque notamment le cas d'un « ancien Premier ministre polygame sans fierté », qui se laissait aller « dans le secret de Matignon ». Le nom de Couve de Murville n'est pas cité, mais lorsqu'il fut interrogé au téléphone par les journalistes Christophe Deloire et Christophe Dubois, Alexandre Jardin ne démentit pas, ajoutant malicieusement que, « quand quelqu'un cultive trop une apparence, il cache autre chose[13] ». Et, de fait,

Maurice Couve de Murville n'avait pas su dissimuler aux services de renseignement son idylle avec une jeune femme rencontrée justement en Suisse lorsqu'il était Premier ministre. À son retour à Paris, le directeur des services spéciaux avait sollicité un entretien avec lui car la dame, étant soupçonnée d'appartenir à un service étranger, était surveillée. Or elle avait raconté à une amie des détails intimes sur sa liaison avec l'hôte de Matignon. Cette dernière anecdote fut racontée à quelques journalistes par Georges Pompidou, qui avait plusieurs raisons d'en vouloir à Maurice Couve de Murville.

L'odieuse affaire Marković

La première raison de la haine que nourrissait Pompidou à l'encontre de Couve était purement politique, ce dernier lui ayant succédé à Matignon après que le général de Gaulle l'eut congédié au lendemain des événements de Mai 68. Mais la seconde raison était plus grave encore, car elle touchait à l'intimité et à l'honneur de Georges Pompidou. En effet, il reprochait avec raison à son successeur de ne pas l'avoir soutenu, voire même de l'avoir enfoncé lors du passage le plus difficile de sa carrière : le scandale Marković. Au départ, il s'agissait d'une affaire criminelle, à savoir l'assassinat de Stevan Marković, qui avait été pendant deux ans l'homme à tout à faire d'Alain Delon. Ce Yougoslave au passé trouble avait été congédié par le comédien pour avoir eu une relation intime avec Nathalie, la femme de ce dernier. On l'avait retrouvé mort le 1er octobre 1968 dans une décharge des Yvelines et, très vite, les soupçons des enquêteurs s'étaient portés sur François Marcantoni, un truand proche du couple Delon. Mais la presse avait aussi commencé à évoquer des rumeurs, suscitées par le mutisme des enquêteurs, et qui semblaient relier Marković au monde politique. On disait que des photos circulaient sous le manteau, montrant des personnalités des médias, du spectacle et autres en train de se livrer à des parties fines. Puis la rumeur s'était précisée et il se murmurait dans le Tout-Paris que sur certaines photos on pouvait reconnaître Claude Pompidou, l'épouse de l'ex-Premier ministre. On rappelait que ces derniers aimaient à fréquenter les gens du « show-biz », et qu'ils connaissaient Alain Delon. L'hebdomadaire d'extrême droite *Minute* consacra sa couverture du 17 octobre 1968 et plusieurs pages à l'affaire, affirmant notamment que « le ministre de l'Intérieur Raymond Marcellin se faisait tenir heure par heure au courant de l'enquête ». De là à penser que le garde du corps yougoslave avait été éliminé parce qu'il aurait voulu faire chanter l'ex-Premier ministre à l'aide des photos compromettant sa femme, il n'y avait qu'un pas que certains franchissaient allègrement. Mais quelle ne fut pas la surprise de Georges Pompidou lorsque, le 4 novembre, Jean-Luc Javal, un de ses anciens collaborateurs de Matignon, lui parla pour la première fois de cette ignoble rumeur : « Il faut que vous sachiez quelque chose que personne n'ose vous dire, lui dit-il. La femme d'un ancien ministre dont tout le monde parle à propos de l'affaire Marković, c'est votre femme, et ce que je puis vous assurer, c'est que dans les dîners en ville, dans les salles de rédaction, il n'est question que de cela. »

Ce fut un choc terrible pour lui, mais qui laissa très vite place à un sentiment de colère, voire de vengeance, à l'égard de tous ceux qui avaient laissé croître et embellir le mensonge, au détriment de son honneur. Il apprit en effet que dès le 30 octobre un petit truand yougoslave du nom d'Akov, détenu à la prison de

Fresnes, avait livré à la police un témoignage totalement fantaisiste accusant Claude Pompidou d'avoir participé avec Marković à une « partouze » organisée dans une villa de Montfort-l'Amaury. Le compte-rendu de ses aveux avait été transmis en urgence au ministre de l'Intérieur Raymond Marcellin… qui n'avait pas jugé utile de prévenir le principal intéressé. Au contraire, Marcellin avait tout de suite téléphoné au ministre de la Justice René Capitant, bien connu pour détester Pompidou. Selon le témoignage de Marcellin, Capitant se serait même esclaffé en apprenant la mise en cause de Mme Pompidou, sans songer une seconde à mettre en doute le témoignage d'Akov. Mis au courant à son tour le 1er novembre, le général de Gaulle avait réuni à l'Élysée Marcellin, Capitant et le Premier ministre Maurice Couve de Murville, laissant à ce dernier le soin d'informer Pompidou. Mais, on ne sait pour quelle raison, l'hôte de Matignon n'avait pas osé accomplir cette démarche pourtant élémentaire auprès de son prédécesseur.

« J'étais indigné, écrit Georges Pompidou dans ses Mémoires. Ainsi Couve n'avait même pas eu le courage de me prévenir ! Ainsi ces hommes, dont plusieurs connaissaient bien mon ménage, avaient plus ou moins cru à la véracité des faits puisqu'ils jugeaient que l'enquête pouvait se poursuivre dans cette voie ! Ainsi le Général lui-même, qui connaissait ma femme depuis si longtemps, n'avait pas tout balayé d'un revers de main ! » Le 6 novembre, il exprima sa colère lors d'un dîner avec les autres « barons » du gaullisme, Jacques Chaban-Delmas, Roger Frey, Olivier Guichard, Henry Rey et Jacques Foccart. « C'est une affaire que je ne laisserai pas passer comme cela. […] Notre honneur est en jeu, c'est ce que nous avons de plus sacré. Je tiens à dire que si c'est nécessaire, c'est moi qui vengerai l'honneur de ma femme. » Deux jours, plus tard, à l'Élysée, c'est au général de Gaulle qu'il exprima son indignation, et ce dernier se borna à dire qu'il avait demandé à le faire prévenir. « Ni place Vendôme, ni à Matignon, ni à l'Élysée, il n'y a eu la moindre réaction d'homme d'honneur », s'indigna Pompidou. « Mais moi, je n'ai jamais cru à tout cela », répondit le Général[14]. Début décembre, lors d'une nouvelle rencontre entre les deux hommes, Pompidou n'eut aucun mal à démontrer qu'il était victime d'une machination et qu'il n'y avait rien de vrai dans les accusations portées contre lui. Mais il fallut attendre encore trois longs mois pour que le garde des Sceaux publie un communiqué condamnant les « rumeurs mensongères perfidement répandues autour de l'affaire Marković, en vue de nuire à certaines personnes », et surtout pour que le général de Gaulle invite publiquement le couple Pompidou à dîner à l'Élysée, en compagnie des Debré, le 12 mars 1969. Ce fut d'ailleurs un dîner glacial car Pompidou ne pouvait pardonner à ceux qui l'avaient trahi.

Début mai 1969, alors que Georges Pompidou s'était lancé en campagne pour l'élection présidentielle après la démission du général de Gaulle, l'avocat Jacques Isorni, ancien défenseur de Pétain et antigaulliste militant, relança les rumeurs en demandant l'audition du couple Pompidou et en déclarant à la presse : « La défense va veiller à ce que François Marcantoni ne soit pas le bouc émissaire dans un règlement de comptes entre hommes politiques. » Des tracts et de nouveaux montages photographiques firent leur apparition, ce qui n'empêcha pas Georges Pompidou d'être élu président de la République le 15 juin 1969 à une confortable majorité. Jusqu'à sa mort, il resta hanté par cette affaire, conservant sur lui une feuille gainée de cuir comportant les noms de ceux qui s'étaient mal comportés à son égard. Persuadé qu'il avait été victime d'un complot destiné à briser ses ambitions politiques, il accusait nommément le commissaire Samson, le juge Patard et le procureur Jean-Jacques Lajaunie, coupables à ses yeux d'avoir systématiquement cherché à orienter l'enquête contre lui et son épouse. Si l'on en croit le témoignage de son ami l'industriel Bolloré, ses principales cibles dans la famille gaulliste étaient « René Capitant par bêtise, Louis Vallon par méchanceté et Couve [qui] a laissé faire ». À propos de ce dernier, il s'était montré plus radical encore devant un autre de ses amis industriels, Jean Prouvost : « Je le tuerai de mes mains. » À défaut de cette issue fatale, il rompit tout contact avec Maurice Couve de Murville, qui ne fut jamais invité à l'Élysée sous sa présidence. En revanche, il conserva Raymond Marcellin comme ministre de l'Intérieur et nomma Michel Debré ministre de la Défense nationale, alors que ce dernier avait publiquement pronostiqué, faussement apitoyé : « Pauvre Georges, il ne s'en relèvera pas ! » Mais au fond, celui à qui Pompidou en voulait le plus sans doute, parce qu'il ne l'avait pas soutenu, c'était celui dont le jugement et l'appui avaient le plus de valeur à ses yeux : le général de Gaulle. Relatant dans son journal le « lugubre » dîner du 12 mars à l'Élysée, il notait avec amertume : « Ni Mme de Gaulle, par réserve habituelle, je pense, ni le Général, par gêne, j'imagine, n'eurent un mot du cœur… Les liens sentimentaux n'avaient pas été renoués. » Ce fut leur dernière rencontre[15].

Quelque part, c'était aussi l'acte de décès de l'époque gaullienne. Engoncé dans ses principes et ses valeurs rigides et un peu archaïques, le général de Gaulle n'avait pas su ou pas pu soutenir celui qui avait tant besoin de lui. Sans doute parce que, du haut de sa grandeur élyséenne, il voulait se tenir à l'écart de ses « ragots » indignes. Mais aussi, et c'était plus troublant, parce que, en son for intérieur, il désapprouvait la vie mondaine de son Premier ministre, ses amitiés avec un monde que lui méprisait. Révélatrice de cette distance est cette réflexion relatée par son fils Philippe, alors que le journal télévisé venait d'évoquer l'affaire Marković : « À vouloir dîner dans le Tout-Paris comme aiment à le faire les Pompidou, à y fréquenter trop de monde et de demi-monde, il ne faut pas s'y étonner d'y rencontrer tout et n'importe qui…[16] » Au fond de lui-même, le général estimait que son Premier ministre récoltait les fruits amers de ses propres choix de vie, parce qu'il avait violé la règle sacro-sainte du secret !

Et pourtant, s'il y eut un couple exemplaire dans l'Élysée postgaullien, ce fut bien celui de Georges et de Claude Pompidou ! Pas d'adultère, pas d'érotisme clandestin hors de cette union parfaite et même très touchante, lorsque, devant les caméras, le chef de l'État se laissait aller à câliner du regard « Bibiche », son grand amour. Ce fut d'ailleurs pour préserver l'intimité de leur couple qu'ils décidèrent de n'habiter l'Élysée qu'à temps partiel, regagnant en fin de semaine leur appartement du quai de Béthune où ils aimaient à recevoir leurs amis. S'il y eut de l'érotisme, ce fut sur les toiles des peintres Marquet, Kupka, Vasarely, Delaunay, ou dans les sculptures d'Arp et de Stahly que les Pompidou firent entrer dans les nouveaux appartements élyséens, conçus par le décorateur Paulin comme une vitrine avant-gardiste de l'art contemporain. À cette époque, c'était plutôt du côté de Matignon que se déclinait la passion des femmes, Jacques Chaban-Delmas étant réputé, on l'a vu, grand séducteur. Cette réputation était justifiée par la prestance et l'élégance du Premier ministre, sportif émérite, vainqueur du tournoi de tennis de Roland-Garros en double vétéran de 1965 à 1970, et qui mettait un point d'honneur à gravir les marches de Matignon deux par deux. Mais elle lui valut bien des ragots, voire même de basses polémiques après la disparition tragique de sa femme dans un accident de voiture près d'Urrugne, au Pays basque, le 12 août 1970. Lors de la campagne présidentielle de 1974, pour laquelle il partait largement favori, il fut victime d'attaques ignobles qui l'accusaient d'avoir provoqué l'accident de Marie-Antoinette afin d'épouser sa maîtresse. Le slogan « Pas de divorcés à l'Élysée » courait sur les lèvres de ses adversaires, rappelant qu'il était divorcé de sa première épouse et que Micheline, qui était devenue sa femme le 24 septembre 1971, était elle aussi divorcée. Auprès de l'électorat catholique, qui lui était *a priori* destiné, cette image d'un homme volage fut un désastre, qui s'ajoutait au dossier de sa feuille d'impôts et à la trahison politique de Jacques Chirac, jeune loup du gaullisme.

Décisif dans la campagne fut le manifeste publié le 13 avril 1974 par Chirac, ainsi que par trois autres ministres gaullistes et 39 députés, connu comme l'Appel des 43, et qui demandait aux électeurs de se ranger sous la bannière de Giscard, le candidat du centre, plutôt que de suivre Chaban. Et c'est ainsi que Valéry Giscard d'Estaing conquit l'Élysée le 9 mai 1974 grâce à la « trahison » de Chirac, qui fut nommé Premier ministre. Deux grands prédateurs faisaient leur entrée en vainqueurs dans les palais de la République qu'ils fréquentaient depuis une décennie. Chacun savait bien qu'un jour ou l'autre leur alliance contre nature se transformerait en une lutte à mort, et c'est d'ailleurs ce qui se produisit au bout de deux ans, lorsque Jacques Chirac démissionna avec fracas de Matignon. Mais ces deux ennemis si dissemblables, l'un fort de sa superbe aristocratique et de sa morgue de surdoué, l'autre carnassier à l'ambition dévorante, avaient un point commun qui les rattachait à la grande tradition des hommes de pouvoir : leur appétit de conquête amoureuse était inextinguible.

« *Valéry Folamour* »

On savait depuis toujours dans les milieux bien informés que Giscard, dont le modèle était John F. Kennedy, était un séducteur compulsif. D'ailleurs, c'était ainsi qu'il avait mené sa campagne, comme s'il voulait séduire tous les Français, et surtout les Françaises, lui qui voulait « regarder la France au fond des yeux ». Et cela avait si bien fonctionné qu'il avait gagné l'élection grâce au vote des femmes, étant devancé par François Mitterrand dans l'électorat masculin. Quand le magazine *Elle* avait posé la question suivante à ses lectrices : « Avec qui passeriez-vous le plus volontiers la soirée en tête à tête ? », c'est lui, Valéry Giscard d'Estaing, qui était arrivé largement en première place. Il n'en fallait pas moins pour satisfaire l'appétit de conquête qui habitait depuis toujours cet ambitieux romantique, élevé par sa mère dans le culte de sa propre supériorité. « C'est un homme qui a un grand besoin d'affection et d'attentions personnelles », confiait son épouse Anne-Aymone, résignée à supporter cette ambition exceptionnelle depuis qu'ils s'étaient unis en 1952 pour le meilleur et pour le pire. « Ce soir, comme ma sœur Marguerite, j'entre dans les ordres », confia-t-elle à son entourage au soir de l'élection de son mari, qui d'ailleurs l'avait laissée seule dans leur appartement de la rue de Bénouville. En apparence, le couple Giscard était très uni, d'autant que la communication à l'américaine du nouveau président impliquait de mettre en avant la « First Lady » chaque fois que c'était possible. Pendant la campagne électorale, elle était souvent à ses côtés, de même que les quatre enfants du couple, sollicités pour donner l'image d'une famille exemplaire et moderne. Disposant d'un bureau au rez-de-chaussée du palais de l'Élysée, elle s'y consacrait à des activités sociales et représentait son époux lors de certaines manifestations, par exemple lors des fêtes de Jeanne d'Arc à Orléans en 1975. Elle fut la première conjointe d'un chef d'État à venir présenter ses vœux aux Français à la télévision, le 31 décembre 1975. Mais ce fut un tel calvaire pour cette femme timide et effacée que l'expérience ne fut jamais reproduite.

Derrière les apparences, il y avait une autre réalité. Certes, Giscard d'Estaing manifestait toujours en public une grande sollicitude envers son épouse, « Quand je parle de dignité et de qualité, c'est à vous, madame, que je pense », lui avait-il ainsi publiquement lancé, d'où le surnom de « Madame DQ » (« Dignité-Qualité ») dont on l'avait affublée. Mais tout le monde savait bien dans le Tout-Paris politico-médiatique que le couple Giscard faisait chambre à part et des rumeurs de divorce avaient même circulé à l'orée de la campagne présidentielle. « Il ne s'est jamais préoccupé de quelqu'un d'autre que de lui-même », confiera plus tard Anne-Aymone à une journaliste du *Figaro*. Pendant la campagne, son fidèle compagnon Michel Poniatowski lui avait loué un studio au-dessus de sa permanence de campagne, boulevard Saint-Germain, afin, disait-on, d'y recevoir discrètement ses conquêtes. Il s'était, semble-t-il, amouraché de Marie-Laure de Decker, une jeune photographe de l'agence Gamma venue le photographier dans son bureau du ministère des Finances, rue de Rivoli, le jour de son élection. Quelle n'avait pas été la surprise des journalistes de *L'Express* de découvrir parmi les photos du nouveau président un cliché de la jeune femme, blonde et élancée, assise sur le bureau de Giscard dans une posture qui indiquait une familiarité étonnante avec lui !

Par l'intermédiaire de la jeune femme, qui avait été correspondante de guerre au Viêtnam, Giscard avait fait la connaissance d'un personnage pour le moins sulfureux, Eldridge Cleaver, ancien dirigeant des Black Panthers. Connu en France pour son livre *Un Noir à l'ombre*, dans lequel il racontait avoir été un violeur en série « insurrectionnel » de femmes blanches, il était recherché par les services américains et vivait dans l'illégalité à Paris. Pendant son séjour en France, il s'essaya au stylisme de mode, sa création la plus connue étant un pantalon avec « une pièce rapportée comme une chaussette détaillant les parties génitales du porteur », appelé aussi *penis pant.* « Je veux résoudre le problème de la mentalité de la feuille de vigne, expliquait Cleaver au *New York Times.* S'habiller est une extension de la feuille de vigne – cela met notre sexe dans notre corps. Mes pantalons le ramènent là où il devrait être. » Et c'est justement en sortant d'une soirée chez ce personnage atypique que se produisit, fin septembre 1974, le fameux « accident du laitier », qui fit connaître au grand public les sorties nocturnes du président.

« Valéry Folamour. » C'est sous ce titre ironique que *Le Canard enchaîné* du 2 octobre relata la drôle d'escapade du président de la République : regagnant l'Élysée au petit matin au volant d'une Maserati ou d'une Ferrari, les versions divergent, Valéry Giscard d'Estaing aurait heurté le camion d'un laitier. La rumeur laissa entendre qu'il était aux côtés de l'actrice Marlène Jobert, qui ne confirma jamais. D'autres dirent qu'il était en compagnie du propriétaire de la voiture, Roger Vadim, grand amateur de jolies femmes, et de la cinquième épouse de celui-ci, Catherine, riche héritière du groupe métallurgique Schneider, amour de jeunesse de Valéry… et cousine d'Anne-Aymone. « À la maison, ça a jeté un froid », se souviendra Valérie-Anne, la fille aînée des Giscard. L'article du *Canard* rappelait par ailleurs que le chef de l'État était censé ne jamais s'éloigner du bouton de la force de frappe atomique, et que si, un jour, il venait à être traumatisé par un accident, l'erreur pourrait être fatale. Ce que reprit *Le Monde* quelques semaines plus tard, dans un grand article consacré à « l'exercice du pouvoir », et dans lequel le journaliste s'étonnait que Giscard disparaisse régulièrement de l'Élysée à la nuit tombée, ne laissant pour ses collaborateurs qu'une lettre scellée avec l'indication du lieu où l'on pouvait le joindre.

Mais pour les chansonniers comme pour le grand public, la virée nocturne de ce président par ailleurs si sérieux, si compassé, prêtait à sourire. La presse anglo-saxonne, émoustillée par le *french lover* de l'Élysée, s'en donnait à cœur joie pour énumérer ses conquêtes, évoquant « une comtesse brune que tutoie le Tout-Paris », « une vedette de music-hall venue des îles, une star que sa beauté glaciale a souvent fait comparer à Garbo ». Les noms qui revenaient le plus souvent étaient ceux de Mireille Darc et de Marlène Jobert, actrices en vogue, mais certains biographes de Giscard ajoutèrent à la liste une autre actrice, Cathy Rosier, la chanteuse Marie Laforêt, la danseuse Lisette Malidor et même la belle impératrice de Centrafrique, Catherine, épouse du dictateur Bokassa. Ce dernier confiera au journaliste Nicolas Poincaré : « Giscard m'a piqué ma femme ! », mais son témoignage est sujet à caution. En revanche, il est avéré que le président Giscard, qui avait repéré la jeune journaliste Ghislaine Ottenheimer, alors stagiaire à *L'Express*, demanda à son ami Patrice Duhamel de lui organiser un tête-à-tête dans un endroit discret, ce que ce dernier refusa[17]. La vie privée du président était un vrai sujet pour la presse, à commencer par *Le Canard enchaîné* qui s'étonna que lors de son premier voyage officiel en Guadeloupe, pour un sommet franco-américain, le chef de l'État fût entouré d'une cohorte de jolies femmes. On vit l'une d'entre elles, une ex-mannequin nommée Nicole Seguin, se balader avec Henry Kissinger, conseiller diplomatique du président Gerald Ford, sur la plage de Pointe-à-Pitre. On apprit par ailleurs que ce dernier, repoussé nuitamment par une autre de ces belles, était tombé dans un parterre de rosiers. Quelque temps plus tard, Giscard invita une journaliste dans sa propriété de Chanonat, après avoir congédié le petit personnel. Il lui servit lui-même le dîner ainsi que des poèmes amoureux de sa composition, mais ce fut peine perdue car la jeune femme s'enferma à double tour dans sa chambre[18]. *Le Canard* ironisa par ailleurs, fin novembre 1974, sur une réflexion pour le moins ambiguë du chef de l'État : « Les ministres femmes me donnent plus de satisfaction que les hommes. » En juillet 1975, *Ici Paris* se permit même ce titre provocateur : « Giscard ne pense qu'aux femmes », avec en sous-titre : « Et tous les Français sont fiers de lui. » L'hebdomadaire américain *Time* expliquait que le « jeu de société de Paris » consistait à savoir « où Giscard passait ses nuits ». Et l'ancien Premier ministre Maurice Couve de Murville, expert en la matière, aurait lancé : « Giscard est le seul chef d'État au monde dont on sait à peu près sûrement où il ne couche pas. »

Les ressorts de la volonté de séduction sont multiples et complexes. Pour ce surdoué qu'était Giscard, brillant polytechnicien et énarque, nul doute que la soif de conquête et l'ambition de réussir étaient des moteurs essentiels. Par ailleurs, il était impossible de ne pas mettre en parallèle sa passion de la chasse, y compris aux grands fauves, et son instinct de grand prédateur amoureux. On pouvait aussi y voir l'écho de son attachement singulier à Louis XV, son supposé ancêtre, dont il avait fait installer dans le vestibule de l'Élysée une petite statue de marbre représentant le Bien-Aimé en compagnie d'une Pompadour en bergère. Mais il n'y avait pas que cela évidemment chez ce littéraire devenu académicien, grand amateur de Flaubert, Pouchkine ou Maupassant. À l'instar de ce dernier, le goût de l'érotisme ne lui était pas étranger, comme en témoignent les lignes qu'il consacra dans ses Mémoires, *Le Pouvoir et la Vie*, à la description de la ministre Alice Saunier-Séïté, qui l'avait accompagné lors d'un meeting en Corse en avril 1981 : « Je la regarde parler devant moi, tournée de trois quarts. Son corps est musclé, avec des mouvements d'une aisance féline, et des jambes qui me paraissent bronzées. Une pensée bizarre me traverse l'esprit : quand elle faisait l'amour, elle devait y mettre la même véhémence. »

Et lorsqu'en 2009, il imagina dans son roman intitulé *La Princesse et le Président* une histoire d'amour entre un chef d'État français des années 1980 et une princesse britannique, on s'interrogea pour savoir si c'était le récit d'une liaison, réelle ou fictive, avec Lady Di. « J'ai inventé les faits, mais pas les lieux ni les décors, que j'essaie de peindre avec une écriture très visuelle », répondit l'auteur, disant avoir connu la princesse de Galles « dans un climat de relation confiante », car « elle avait besoin de communiquer ». La presse s'amusa beaucoup de cette fiction fantasmée, publiée par un octogénaire au cœur de midinette. Le roman était d'ailleurs précédé d'une mystérieuse épigraphe : « Promesse tenue », qui fut expliquée par Bernard Fixot, éditeur et gendre de l'ex-président. Ce dernier lui aurait promis de supprimer de l'ouvrage une scène très chaude, écrite dans une langue étonnamment crue et qui avait pour cadre le salon des Aides de camp, à l'Élysée. Giscard y décrivait « la croupe dorée de la Princesse sur laquelle jouaient innocemment les derniers feux du couchant comme des enfants oublieux des menaces de l'orage qui approche ». Le héros-président, appelé Jacques-Henry, s'avançait alors vers la jeune femme allongée sur une bergère pour une scène d'un érotisme échevelé : « Ah, prends-moi, vilaine bête, prends-moi fort, jappait la princesse de sa voix flûtée, tandis que le président donnait de violents coups de reins en rugissant comme un lion. » Il n'est pas sûr qu'Anne-Aymone ait beaucoup apprécié, comme elle avait sans doute mal vécu la publicité qui était faite aux escapades amoureuses de son époux présidentiel. En 1978, le magazine *Marie Claire* lui demandait : « Maintenant que vous êtes première dame, de quoi avez-vous envie ? » Sa réponse fusa : « De ne plus l'être ! »

« À l'Élysée, c'était incroyablement libertin »

D'un prédateur l'autre. Par bien des aspects, et notamment par son physique, aussi court sur pattes et ramassé que l'autre était félin et élancé, François Mitterrand était aux antipodes de Valéry Giscard d'Estaing. Mais ce qui les rapprochait, hormis le goût de la littérature, c'était la passion des femmes. Aurait-il pu en être autrement, tant la conquête de l'Élysée s'était appuyée, pour l'un comme pour l'autre, sur leur capacité à séduire encore et toujours, par tous les moyens, à la recherche des électeurs ? On se souvient que Giscard était devenu le chéri des Françaises en 1974. Sept ans plus tard, il maintint son avance dans le cœur des femmes, mais François Mitterrand réussit à faire basculer les électeurs indécis en incarnant pour eux « la force tranquille », un slogan fabriqué par des publicitaires… et emprunté à Léon Blum. Pour expliquer ce goût invétéré des femmes qui habitait le premier président socialiste, on peut bien sûr évoquer une sorte de revanche sur son éducation catholique très tenue chez les maristes ou le traumatisme de son échec avec Marie-Louise Terrasse, son premier amour. Mais il est aussi évident que ce grand épicurien et esthète, amateur de livres rares, d'ortolans et de couchers de soleil sur le Nil, englobait les jolies créatures dans sa quête permanente de la beauté. Par ailleurs, il avait non seulement l'instinct de les conquérir mais aussi le goût de les connaître, de converser avec elles et de les charmer par son érudition, et c'est sans doute la raison pour laquelle elles venaient si facilement à lui.

Mais qui était le vrai Mitterrand séducteur ? Était-il ce prédateur machiste auquel on attribue la formule fameuse : « On ne peut pas les avoir toutes mais il faut essayer » ? Était-il un don Juan compulsif assoiffé de conquêtes, comme une revanche transgressive sur son éducation catholique ? Était-ce au contraire une forme de romantisme littéraire qui se prolongeait dans le plaisir de la séduction ? Quelle était la part de l'érotisme dans cette consommation frénétique des femmes, tels des objets de plaisir ? Bien difficile de donner une réponse, tant était complexe et polymorphe la personnalité de cet homme si secret. La journaliste Florence Schaal se souvient de ce jour de mai 1984, place du Capitole, à Toulouse, où il avait jeté son dévolu sur elle, tel Louis XIV sur une courtisane : « Regardez Florence, comment tous ces gens vous regardent... ! Et ils vous trouvent très belle, oui, très belle[19]. » À l'écrivaine Benoîte Groult qui se vantait au milieu des années 1970 d'avoir été la maîtresse de François Mitterrand, son amie Jacqueline Chabridon répliqua en s'esclaffant : « Crois-tu que cela soit très original ? »

La toute jeune Sylvie Pierre-Brossolette, fille du secrétaire général de l'Élysée giscardien, fut elle aussi séduite par celui qui n'était encore que premier secrétaire du Parti socialiste en 1978, à la suite d'une rencontre-coup de foudre à la brasserie Lipp. Fier comme un paon, il exhiba sa jeune conquête à Deauville ainsi que dans les plus beaux restaurants de la capitale, comme d'ailleurs dans la maison familiale de Latche, dans les Landes, où elle déjeuna avec Danielle Mitterrand. Puis, comme cette liaison adultérine pouvait compromettre ses chances à la présidentielle de 1981, il demanda à sa secrétaire de ne plus lui passer les coups de fil de Sylvie Pierre-Brossolette. Celle-ci en fut terriblement affectée, au point qu'elle alla un soir crier sa douleur sous les fenêtres du Parti socialiste : « Tu n'es qu'un monstre ! » L'une des traductrices officielles du président, devenue sa maîtresse, fut elle aussi congédiée sans autre forme de procès. Elle confia à une journaliste qu'elle l'avait aimé « à en crever ».

Le monarque socialiste, bien que déjà malade du cancer, multipliait les aventures, ce qui semblait contagieux. « À l'Élysée, au temps de Mitterrand, c'était incroyablement libertin. Tout le monde se sautait les uns les autres », raconte la journaliste Catherine Nay[20]. Peut-être pensait-elle au conseiller du président, Érik Orsenna, qui raconta dans un roman la fascination érotique du palais présidentiel. Ou au ministre de la Défense Charles Hernu, fidèle de Mitterrand depuis qu'il avait dirigé sa campagne en 1965 et dont chacun savait qu'il adorait les femmes. La preuve, il s'était marié cinq fois, ce qui aurait fait dire au chef de l'État : « Vous n'êtes pas obligé de vous marier dès que vous couchez. » Mais il semble que le mariage ne suffisait pas aux appétits érotiques de ce séducteur boulimique. On racontait par exemple qu'il n'avait pas hésité à envoyer une voiture officielle, escortée par des motards, pour faire venir une de ses maîtresses à Villeurbanne, dont il était le maire. En novembre 1987, alors qu'il n'était plus ministre, il se vanta dans le magazine *Playboy* d'avoir été l'amant de Brigitte Bardot. Ce à quoi elle répondit : « J'ai le grand regret de vous rappeler que je ne vous ai jamais vu, ou que peut-être occasionnellement je vous ai croisé sans m'en rendre compte. » Parmi toutes les rumeurs qui ont couru sur le compte de Charles Hernu, accusé d'avoir été pétainiste, collaborateur, espion au profit du KGB et commanditaire de l'attentat du *Rainbow Warrior*, une liaison avec un sex-symbol national aurait été la moins scandaleuse !

Roland Dumas et la « putain de la République »

Un autre poids lourd de la Mitterrandie ne lui cédait en rien dans l'art et l'obsession de la conquête féminine : c'était le séduisant ministre des Affaires étrangères Roland Dumas, aussi élégant et dandy que Charles Hernu semblait brut de décoffrage. Talleyrand et Fouché auraient-ils trouvé leurs successeurs ? Grand amateur d'art, mélomane raffiné, vivant entouré de toiles de Picasso, Chagall ou Magritte dans le rez-de-chaussée d'un hôtel particulier du quai de Bourbon qui fut l'atelier de Camille Claudel, Roland Dumas ne s'est jamais caché d'aimer les femmes. Comme en témoigne l'une de ses anciennes conquêtes, Sylvia Bourdon, ex-actrice de porno devenue l'égérie d'une campagne pour l'euro : « Il séduirait un barreau de chaise. Il vous fait sentir unique. C'est le summum de la séduction. Mais il a fait souffrir beaucoup de gens, car il est égoïste et mégalomane. » Selon elle, Dumas assumait parfaitement sa boulimie érotique, y compris ses relations sulfureuses : « Il a toujours été sur le fil du rasoir. Il était profondément provocateur socialement. Il fait partie de cette génération politique qui se sentait tout permis. Je pense que ça lui plaisait de dire qu'il connaissait une ex-reine du cul. Il ne s'en cachait pas. » Bien que marié à Théodora puis remarié en 1961 à la blonde Anne-Marie, héritière des apéritifs Lillet, de vingt-deux ans sa cadette, il a toute sa vie multiplié les aventures comme il collectionnait les œuvres d'art. « L'homme est polygame par nature, confiait-il à *Paris-Match.fr*, le 31 juillet 2014. C'est la morale qui l'a rendu monogame. D'ailleurs, dans le Pacifique, il y a des civilisations où l'on prête pour une nuit sa femme. »

Il n'est pas impossible, si l'on en croit les rumeurs, que ce type d'échange ait concerné quelques conquêtes communes avec François Mitterrand, fasciné par les talents de séducteur de son ami. On lui prêta entre autres des aventures avec la riche femme d'affaires syrienne Nahed Ojeh, avec l'ambassadrice américaine Pamela Harriman ou avec la soprano Renée Fleming, avant que le grand public ne découvre sa liaison avec la sulfureuse Christine Deviers-Joncour, « la putain de la République[21] ». Cette ambitieuse jeune femme à l'opulente chevelure brune et aux jupes ultra-moulantes, devint sa maîtresse à l'occasion de la campagne des législatives de 1986, où l'ex-ministre se présentait en Dordogne, dans la circonscription de Sarlat. Fille de militants socialistes enracinés dans la région depuis des générations, elle avait servi de guide au grand avocat parisien, qui n'avait pas tardé à la subjuguer. « Il est, s'extasiait-elle, un puits de culture, d'une vivacité d'esprit et d'une intelligence exceptionnelle. » Pour lui, ce fut, dit-il, « une passion physique » pour Christine, « avec laquelle j'aimais mieux faire l'amour que refaire le monde ». Puis, de fil en aiguille, elle était devenue sa muse, une sorte de compagne officielle qu'il exhibait aux premières des spectacles et dans certains salons parisiens, tandis que la fidèle Anne-Marie continuait à fermer les yeux, retirée dans leur manoir girondin de Saint-Selve. François Mitterrand mettait un point d'honneur à ne recevoir chez lui, rue de Bièvre, que le couple officiel des Dumas. D'ailleurs, la liaison avec

Christine Deviers-Joncour ne freina en rien les appétits de conquête du sexagénaire le plus séduisant de Paris.

« En réalité, j'ai compris peu à peu que c'était un homme qui lisait plusieurs livres à la fois, et qui avait plusieurs femmes dans sa vie ; de même, il aimait vivre dans plusieurs maisons », confiait-elle aux journalistes. « Je savais qu'il avait deux femmes importantes dans sa vie en plus de moi : son épouse et une autre maîtresse. » Cette dernière, avocate comme lui, mais de plus de vingt-cinq ans sa cadette, partageait sa vie depuis 1968. Ce n'était donc pas une double vie mais une triple que s'était choisie Roland Dumas, sans compter les passades. « S'afficher auprès d'un tel don Juan m'obligeait à ne jamais me laisser aller, ajoutait Christine Deviers-Joncour, peu avare de confidences. Si je téléphonais en déclarant qu'il me manquait, j'étais cuite. Il est de ces amants auxquels il ne faut pas s'accrocher ni appeler quinze fois par jour, sinon vous le perdez dans les vingt-quatre heures. » C'est néanmoins à cause d'elle que Roland Dumas, qui tenait tant au secret de son intimité, fut rattrapé par le scandale dans le cadre de la fameuse affaire Elf, qui défraya la chronique à la fin des années 1990.

Elle fut en effet mise en examen en novembre 1997 par la célèbre juge Eva Joly pour avoir bénéficié pendant plusieurs années d'un emploi de complaisance grassement rémunéré par la société Elf-Aquitaine. Outre son salaire mensuel versé sur un compte suisse par la filiale genevoise d'Elf, elle aurait disposé d'un crédit illimité et largement utilisé : le montant de ses dépenses de restaurants, d'hôtels, de voyages ou de bijouterie atteignait 1,7 million de francs (soit 340 000 euros d'aujourd'hui) sur trois ans. C'est grâce à une commission versée par Elf qu'elle aurait pu s'acheter un appartement de huit pièces, rue de Lille, dans le plus cher quartier de Paris. Or, il semble que la seule et unique justification de ces gratifications princières résidait dans la relation amoureuse qui unissait la jeune femme au ministre des Affaires étrangères. Selon elle, il s'agissait de « préparer des dossiers pour le ministre lors de ses déplacements dans les pays intéressant Elf ». Et elle ajoutait : « Ce n'était pas ma relation avec Roland Dumas qui était rémunérée, mais le service que je pouvais rendre à la maison en raison des bonnes relations que j'avais avec lui. »

Le ministre play-boy et la belle aventurière : un sujet idéal pour les médias ! Pourtant, rien ne prouve dans les dossiers ouverts par l'instruction que le vieux routier du barreau et de la politique qu'était Roland Dumas se soit laissé influencer sur aucune affaire pour les beaux yeux de sa maîtresse. Mais sa relation avec Christine Deviers-Joncour suscitait les commentaires, les critiques, voire l'indignation au sein même de la famille socialiste. C'est ainsi que, le 1er février 1998, Michel Rocard n'hésita pas à déclarer que l'ancien président François Mitterrand « aimait à s'entourer de gens un peu à la limite ». Sa cible était bien sûr Roland Dumas, qui fut d'ailleurs mis en examen par Eva Joly le 29 avril 1998, pour complicité et recel d'abus de biens sociaux. Dans une longue interview accordée à *Paris Match*, le 4 mars 1999, Christine Deviers-Joncour accablait son ex-amant. Elle admettait d'une part avoir été recrutée par Elf sur une intervention « décisive » de Roland Dumas, et l'accusait d'autre part d'avoir accepté des cadeaux payés par Elf, notamment une paire de bottines du célèbre chausseur Berluti, d'une valeur de 11 000 francs, adaptées à la claudication du ministre.

« Roman de mythomane », répliqua-t-il sur Europe 1, le 19 mars. Mais un sondage publié dans *Le Parisien* du même jour indiquait que 58 % des personnes interrogées souhaitaient qu'il démissionne de la présidence du Conseil constitutionnel où il siégeait depuis 1995. Ce qu'il fit le 29 février 2000, à la grande satisfaction de ses amis socialistes, sérieusement embarrassés par ce mélodrame politico-amoureux. En réalité, et c'est ce que plaida le ministre déchu, ce n'était qu'un rideau de fumée tiré sur la véritable affaire, celle des retours de commissions sur la vente des frégates à Taïwan, qui mettait en lumière les réseaux de financement occulte des partis politiques français. C'est d'ailleurs ce que confirma en mars 2003 le grand procès de l'affaire Elf, où furent révélés les dessous peu reluisants de la Françafrique et des rétrocommissions. Mais ce que retint surtout le grand public, c'était l'affaire dans l'affaire, la romance entre le ministre qui aimait trop les femmes et celle que l'on surnomma la « Mata-Hari du Périgord ». Cette dernière, qui s'était elle-même dénommée « la putain de la République », fut condamnée à trois ans de prison dont dix-huit mois avec sursis, tandis que Roland Dumas était relaxé en appel. La vengeance de la belle fut de raconter à longueur d'interviews et de livres leur histoire, celle des *Amants maudits de la République*. Puis elle retourna dans l'anonymat et Roland Dumas à ses nouvelles maîtresses.

La double vie de François Mitterrand

François Mitterrand était déjà mort lorsque avait éclaté l'affaire Dumas, mais nul doute qu'il aurait exonéré son ami et ancien avocat de ses fautes, surtout en matière de séduction, car il ne lui cédait en rien sur ce terrain. Il y avait même compétition entre ces deux grands prédateurs, comme l'illustre l'anecdote suivante, racontée à des journalistes. Lors d'une réception à l'Élysée, Roland Dumas s'était approché d'une jolie femme, épouse du maire d'une grande ville. Mais soudain, il vit son jeu de séduction interrompu par le chef de l'État, qui s'adressa ainsi à la dame : « Pardonnez-moi, j'ai deux mots à dire au ministre. » Une fois à l'écart, le président aurait murmuré à son ami : « Moi d'abord ! » Et bien d'autres anecdotes, certes appuyées sur des témoignages plus ou moins fiables, montrent en tout cas le président socialiste en posture de conquête, voire dans une situation qui aujourd'hui serait qualifiée de harcèlement. Quelques mois avant son élection à la présidence, on aurait même frôlé le pire, si l'on en croit le témoignage d'une journaliste qui l'avait ramené en voiture, un soir de réunion. Alors qu'elle conduisait, il aurait essayé de lui caresser la cuisse ; elle aurait poussé un cri et freiné brusquement, à la grande surprise de son passager, habitué à obtenir satisfaction. D'après les confidences de Pierre Tourlier, qui fut son chauffeur, son garde du corps et son confident pendant plus de vingt ans, Mitterrand avait un tel appétit des femmes que « certaines soirées se déroulaient comme un menu » avec « une entrée, un plat principal et un dessert[22] ». Néanmoins, toujours selon Tourlier, il « s'est toujours très bien comporté après avec les femmes qu'il avait séduites », notamment en leur offrant une place, de préférence « là où elles pouvaient lui servir », et en se constituant ce que lui-même appelait son « cheptel » au palais présidentiel. Par ailleurs, le chauffeur confirme que l'essentiel de la vie privée de Mitterrand se passait aux côtés de sa maîtresse Anne Pingeot et de leur fille Mazarine, plutôt qu'avec sa femme Danielle et leurs deux fils.

C'est en secret que François Mitterrand menait en effet une double vie, depuis le début des années 1960 lorsqu'il était tombé amoureux de la jeune Anne Pingeot, rencontrée pour la première fois en vacances à Hossegor en 1957, lorsqu'elle n'avait que 14 ans. Elle était la fille de l'un de ses partenaires de golf, l'industriel auvergnat Pierre Pingeot, qui passait comme lui ses étés sur la côte landaise. Quand la jeune fille, devenue femme, était montée à Paris afin de poursuivre ses études d'histoire de l'art, elle était tombée dans les bras de cet homme exceptionnel, alors sénateur, et qui avait à peu près l'âge de son père. Cette jolie brune sans artifice, nommée conservatrice au département des sculptures du musée du Louvre, avait séduit François Mitterrand par sa simplicité comme par sa vivacité d'esprit. Intelligente et cultivée, elle était une partenaire à sa mesure, par ailleurs si fascinée par son amant qu'elle était prête à accepter de rester dans l'ombre, maîtresse au long cours du grand homme voué à la conquête du pouvoir.

À partir d'octobre 1962, il lui écrivit des lettres transies d'amour et de désir, un trésor sentimental de 1 218 lettres qui ne fut dévoilé par Anne au grand public qu'en 2016, pour le centenaire de la naissance du grand homme[23]. On y découvre d'abord un amoureux timide et romantique, promettant à « Mlle Anne Pingeot » de lui envoyer un exemplaire de Socrate, « messager qui vous dira le souvenir fidèle que je garde de quelques heures d'un bel été ». Lui, le sphinx, l'homme du secret, le voilà qui se livrait entièrement à sa maîtresse : « Quand je dis qu'avec vous s'éveillent des sentiments que je n'ai jamais connus… cet aspect de ma tendresse pour vous justifie mon propos : pour la première fois, je sors de moi. » Puis, après un voyage ensemble à Amsterdam, en mai 1964, il commença à la tutoyer et les lettres se firent plus intimes, sensuelles, érotiques même. « J'aime mes mains qui ont caressé ton corps, j'aime mes lèvres qui ont bu en toi… », écrivait-il en juillet 1964. « J'aime ton corps, la joie qui coule en moi quand je détiens ta bouche, la possession qui me brûle de tous les feux du monde, le jaillissement de mon sang au fond de toi, ton plaisir qui surgit du volcan de nos corps, flamme dans l'espace, embrasement », dit une lettre envoyée de la maison familiale de Latche, le 16 juillet 1970.

Plusieurs fois par an, il l'emmenait en escapade à Vézelay, un lieu qui lui était cher, et où il pouvait compter sur la discrétion de son vieil ami Marc Meneau, patron de « L'Espérance », un havre de paix et de gastronomie au goût du terroir. Danielle, lorsqu'elle fut mise au courant de la situation, se résigna elle aussi à cette double vie maritale, sans doute par habitude, par admiration pour François, parce qu'elle restait l'épouse officielle et la mère de ses deux fils. D'ailleurs, elle-même s'était liée à Jean, son professeur de gymnastique, qui logeait dans un studio au-dessus de l'appartement de la famille Mitterrand rue de Bièvre et qui était souvent reçu à leur table. De son côté, Anne était d'une discrétion exemplaire, rejoignant François quand il le pouvait, pendant les week-ends, suivant fidèlement ses campagnes électorales en admiratrice dévouée, si bien qu'on la prenait pour une secrétaire. À partir de 1973, elle s'installa dans un petit appartement de la rue Jacob, non loin de la rue de Bièvre. En dépit des réticences de son père, elle décida que François serait le père de son enfant, et c'est ainsi que vint au monde Mazarine, le 18 décembre 1974, dans une clinique d'Avignon.

À « Mazarine chérie », il dédia en janvier 1975 une première lettre : « J'écris pour la première fois ce nom. Je suis intimidé devant ce nouveau personnage sur la Terre qui est toi… ». Mais ce n'est que neuf ans plus tard, en janvier 1984, qu'il la reconnut devant notaire, son amour paternel ne pouvant prendre le pas sur son destin présidentiel. L'existence de cette enfant de l'amour, connue les premiers mois de quelques amis intimes, dont le couple Badinter ou André Rousselet, devint rapidement un secret de polichinelle dans le microcosme politique. Lors du duel télévisé entre les deux tours de l'élection présidentielle de mai 1974, certains firent remarquer que Giscard avait fait quatre fois allusion à Clermont-Ferrand, « une ville qui vous connaît bien », celle où résidait la famille Pingeot. C'était aussi, rappelons-le, le fief politique de Giscard, maire de Chamalières. Il incomba à François de Grossouvre, officiellement chargé de mission auprès du président de la République et président du Comité des chasses présidentielles, de veiller à la sécurité d'Anne et de Mazarine. D'ailleurs, elles quittèrent l'appartement de la rue Jacob pour s'installer dans une annexe de l'Élysée, au premier étage d'un bâtiment officiel du quai Branly, dans le logement de fonction de Laurence Soudet, conseillère du président, au-dessous de celui qu'occupait Grossouvre.

Le mercredi, Mazarine venait souvent déjeuner à l'Élysée et se promenait dans le parc avec son père. Par ailleurs, ce dernier aimait retrouver en fin de semaine sa famille de cœur à Souzy-la-Briche, dans l'Essonne, un manoir du XIXe siècle appartenant au patrimoine de l'État. Il avait offert un poney à Mazarine, qui faisait son bonheur. Puis, en 1987, Anne Pingeot acquit grâce à l'aide financière de Roger-Patrice Pelat, autre ami de longue date du président, une propriété à Gordes, dans le Vaucluse, où François les rejoignait pendant l'été. Cette histoire fut d'ailleurs le thème du roman *Le Bon Plaisir*, publié en 1983 (aux éditions Mazarine bien sûr !) par la journaliste Françoise Giroud, et qui attribuait un fils caché à un président-monarque et passionné de littérature, assez proche de François Mitterrand. Le réalisateur Francis Girod en tira un film, sorti l'année suivante, et dans lequel Jean-Louis Trintignant prêtait ses traits au président séducteur.

Dans un pamphlet rédigé à peu près à cette époque sous le titre *L'Honneur perdu de François Mitterrand*, l'écrivain Jean-Edern Hallier menaçait de révéler l'existence de Mazarine, comme d'ailleurs le passé pétainiste du président. Mais grâce au système des écoutes téléphoniques installé à l'Élysée, à la demande de Mitterrand, la cellule du commandant Prouteau, chargée de la sécurité présidentielle, parvint à faire détruire ce brûlot avant sa publication. On apprit dans la presse en 1993 que ce dispositif totalement illégal des écoutes présidentielles avait concerné au moins 150 personnes entre 1983 et 1986, aussi bien des politiques comme François d'Aubert, des avocats comme Jacques Vergès que des journalistes comme Edwy Plenel ou Jean-Edern Hallier, ainsi que la comédienne Carole Bouquet. Lors des procès qui suivirent, les collaborateurs du président prétendirent que c'était le compagnon de cette dernière qui était visé. On pouvait toutefois se demander si cette ingérence dans l'intimité de l'actrice n'était pas une énième manifestation des appétits présidentiels. Et ce n'est que beaucoup plus tard, à la fin du second septennat que le grand public apprit l'existence de Mazarine, dans l'édition du 3 novembre 1994 du magazine *Paris Match* : « Mitterrand et sa fille, le bouleversant récit d'une double vie. » Les photographies de la jeune fille à l'entrée du restaurant Divellec étaient accompagnées d'une interview du journaliste Philippe Alexandre qui sortait le même jour un ouvrage sur cette double vie, sous le titre cruel *Plaidoyer impossible pour un vieux président abandonné par les siens*. Il n'y épargnait pas cette « famille morganatique » qui « vivait dans les palais de la République, transportée et entretenue par l'argent des contribuables ». Face à l'indignation de nombreux confrères journalistes, fustigeant, à l'instar de Jean Miot, président de la Fédération de la presse française, « la presse de caniveau », la rédaction de *Paris Match* révéla que les photos de Mazarine avaient été soumises au préalable à François Mitterrand et qu'il ne s'était pas opposé à leur publication. À l'approche de la fin de règne, le monarque consentait enfin à dévoiler une partie de ses secrets.

La ronde des maîtresses

D'autres secrets de François Mitterrand restèrent cependant bien cachés. L'une de ses conquêtes fut même partagée, ironie de l'histoire… avec Michel Rocard, son pire ennemi politique. Il l'avait rencontrée dans les années 1970, par l'entremise du comédien Roger Hanin, beau-frère de Mitterrand, et une idylle s'était nouée, avant que ce dernier ne devienne président. Un jour d'octobre 1987, alors qu'elle n'avait pas vu le président depuis plusieurs années, la jeune femme, férue d'ésotérisme, était venue le trouver à l'Élysée : « J'ai apporté trois cristaux en cadeau à Mitterrand, pour les trois années sans nouvelles. Puis je lui ai dit : "Vous savez sans doute avec qui je suis depuis quelque temps." Il m'a répondu : "Non." Je lui ai dit : "Michel Rocard." » En effet, elle avait rencontré l'année précédente le chouchou des sondages, alors séparé de sa deuxième épouse Michèle, et était devenue sa compagne, après avoir été celle, sans doute éphémère, du président. Forte de cette exceptionnelle situation, elle s'était promis de rapprocher les deux hommes, que tout séparait. « Michel Rocard n'est pas l'homme que vous croyez, aurait-elle déclaré à l'hôte de l'Élysée, il faut que vous le considériez comme un fils. Il ne se présentera pas contre vous, mais il doit être Premier ministre. » À l'en croire, c'est donc pour lui faire plaisir que Mitterrand aurait reçu Rocard dès le lendemain et qu'il l'aurait nommé à la tête du gouvernement le 10 mai 1988 après sa réélection. L'intéressé n'a pas confirmé cette étonnante rencontre aux journalistes : « Je ne sais pas si c'est vrai. Si elle m'avait prévenu, je le lui aurais déconseillé. » Les vraies raisons du choix de Michel Rocard sont ailleurs, liées à des contingences purement politiques. Mais il est amusant de penser que deux amants successifs de la même femme se sont retrouvés pendant trois ans chaque semaine à la table du Conseil des ministres. Encore un effet de la magie érotique de l'Élysée !

Néanmoins, la fréquentation du palais présidentiel n'était pas conseillée aux amies intimes du président, surtout lorsqu'elles étaient célèbres, à l'instar de la chanteuse Dalida. Celle-ci aurait confié à son psychanalyste qu'elle avait commencé en 1979 une idylle « avec un homme passionnant, admirable », « marié très jeune » et qui s'appelait… François. Elle lui raconta les rendez-vous discrets dans sa maison de Montmartre, lui arrivant avec une rose à la main et coiffé d'une casquette pour ne pas être reconnu, tandis qu'elle lui préparait un dîner aux chandelles. « Il arrive souvent seul, sans chauffeur, ni garde du corps. Il prend beaucoup de risques lorsqu'il ne trouve pas de place et qu'il est obligé de faire le grand tour… » Pendant la campagne électorale de 1981, elle s'engagea publiquement pour le candidat socialiste, et on la vit même accompagner des militants dans les rues de Montmartre pour distribuer des tracts. Après la victoire, elle fut au premier rang des fidèles, en robe fuchsia, aux côtés de Pascal Sevran, lors de la fameuse cérémonie du Panthéon. Elle y gagna son fameux surnom de « Panthère rose », tandis que les humoristes se moquaient de « Mimi l'amoroso ». Beaucoup moins drôles furent les appels anonymes, les graffitis sur les murs, les lettres injurieuses lancées dans son jardin qui la poussèrent à prendre du recul et à s'envoler pour une grande tournée à l'étranger. Il semble que François Mitterrand lui ait ensuite demandé par lettre de ne jamais évoquer publiquement leur histoire, afin de ne pas nuire à sa carrière.

À la même époque où ce séducteur compulsif commençait une liaison avec Dalida, il fit la connaissance de Christina Forsne, une jeune et jolie journaliste suédoise de trente ans sa cadette, rencontrée près de Stockholm lors des assises de l'Internationale socialiste. Dans un livre intitulé *François,* publié un an après la mort du président, elle révéla que cet amour caché avait duré presque jusqu'à la fin du second septennat. Difficile de le confirmer aujourd'hui. Ce qui est sûr, c'est que l'idylle s'était prolongée pendant des années avec le président, qui selon elle était très demandeur. « Il m'a répété encore et encore que j'étais la femme de sa vie », raconta Christina au journal suédois *Aftonbladet*, après la mort de Danielle Mitterrand. Le matin même de son élection, le 10 mai 1981, il lui aurait téléphoné : « Il était dans son lit et moi dans le mien, dans des endroits différents », « on a parlé vingt minutes et il a plaisanté : "Ce soir, je prends ma retraite." ». Au soir de son intronisation officielle, le 21 mai, alors que tout le monde ignorait où il se trouvait, c'est chez Christina, dans son petit studio de l'île Saint-Louis, que le président fraîchement élu vint se réfugier, afin de déguster les rognons à l'armagnac qu'elle lui avait amoureusement préparés. Par la suite, elle le rejoignit souvent à l'Élysée, par une porte dérobée côté jardins. Parfois, dit-elle, « on se faufilait à l'extérieur quand les gardes ne faisaient pas attention, et on s'échappait en ville. Nous rêvions de pouvoir vivre comme tous les autres ». Selon elle, Danielle Mitterrand était parfaitement au courant de cette liaison. « Son mariage ne tenait plus debout », ajoute l'ancienne maîtresse du président, très amère, décrivant la première dame comme « une militante de gauche naïve, qui prenait le Concorde pour distribuer des bouteilles d'Évian aux victimes des tremblements de terre ». Elle raconte également l'épisode d'un voyage au Congo où Danielle avait refusé d'accompagner le président après avoir appris que Christina serait du voyage.

Et elle confie sa déception d'avoir perdu le contact avec François dans les derniers mois de sa vie, empêchée qu'elle fut par l'entourage du vieux chef d'État. Mais il faut dire que cette « rupture » faisait suite à une scène pénible qui avait eu lieu quelques années auparavant. En pleine nuit, la journaliste, visiblement éméchée, serait venue apostropher des gardes en faction devant le commissariat de quartier en hurlant qu'elle était la maîtresse du président. L'information serait remontée jusqu'au conseiller de permanence de l'Élysée, qui aurait réveillé Mitterrand. Celui-ci aurait chargé son chauffeur, Pierre Tourlier, de la raisonner et de la ramener chez elle[24]. Le scandale ne fut tout de même pas évité car le surlendemain, elle fit la une de l'hebdomadaire *Minute* avec sa photo : « C'est l'amie suédoise de Mitterrand. » Agacé, le président aurait alors coupé les ponts avec cette encombrante maîtresse qui avait violé la règle sacro-sainte à ses yeux du secret.

Il y eut néanmoins une suite à ce grand amour scandinave, non seulement lorsque Christina publia en 2012 un roman à clefs mais aussi, trois ans plus tard, lorsque le public français découvrit l'existence de Hravn Forsne, le fils de Christina, un jeune politicien suédois du parti des Modérés, candidat aux élections législatives. Or, ce jeune homme aux yeux bleus affirma aux journalistes venus l'interroger que son père n'était autre que… François Mitterrand. Né de père inconnu le 12 novembre 1988 à Boulogne-Billancourt, le fils de Christina avait en effet vécu en France sous la présidence de l'amant de sa mère, et il n'était donc pas impossible qu'il ait dit la vérité. « J'en parle seulement avec les médias locaux, parce que c'est important pour eux et pour mes concitoyens, pour les électeurs, de connaître leur candidat, mais pas pour les médias internationaux », expliqua-t-il à l'AFP, ajoutant qu'il avait rencontré son prestigieux « papa » à plusieurs reprises. On apprit par ailleurs qu'il avait étudié à la Sorbonne, en 2007, et qu'il s'intéressait beaucoup à l'actualité française. Les journalistes français ayant enquêté en Suède découvrirent par ailleurs que la rumeur courait depuis longtemps dans la contrée de Kullavic, où vivait Christina avec son fils. « Dès son entrée à l'école, quand il avait sept ans, tout le monde en parlait », confiait une institutrice. Mais en France, le secret fut bien gardé, comme l'exigeait le pharaon de l'Élysée.

De même pour sa relation au long cours avec la psychologue Marie de Hennezel, une ravissante blonde dont il avait croisé le regard en novembre 1984 dans les jardins d'hiver de l'Élysée lors de la remise des insignes d'officier de la Légion d'honneur au frère de celle-ci, le diplomate Jacques Gaultier de La Ferrière, chef du protocole. Ils s'étaient revus quelques jours plus tard et c'est ainsi qu'avait commencé une relation très intime, mais restée platonique. « Nous étions sur une crête, confiera-t-elle beaucoup plus tard, dix ans après la mort de François Mitterrand. Nous aurions pu basculer. Je ne regrette rien : si nous l'avions vécue de cette manière, jamais notre relation n'aurait duré jusqu'à sa mort. » Entre le vieil homme malade et la jeune clinicienne en plein divorce, l'affection mutuelle se nourrissait non seulement de séduction et d'intérêts communs mais aussi et surtout d'empathie et de confiance. « Je devrais être mort au moment où je vous parle, lui aurait confié François Mitterrand, évoquant le cancer de la prostate qui avait été diagnostiqué au tout début de sa présidence. La relation s'est nouée quand je lui ai répondu que le temps qui reste à vivre ne dépend pas de la médecine. J'ai parlé du mystère des corps, du désir de vivre et, déjà, des forces de l'esprit. Il a dû penser que j'allais le soutenir dans son désir de vivre », analyse Marie de Hennezel.

Ce fut une relation cachée, comme toujours, même si la jeune femme fut invitée à déjeuner à l'Élysée ainsi qu'à deux voyages officiels. Il l'imposa dans le service du docteur Maurice Abiven, la première unité de soins palliatifs, une innovation majeure dans le domaine hospitalier qui souffrait terriblement de cette absence d'approche psychologique. Et c'est aussi grâce à lui qu'elle fit la rencontre de son second mari, Christopher Thiery, interprète officiel du président. Après quatre années de relatif éloignement durant la rémission présidentielle entre 1988 et 1992, ils redevinrent très proches. « Il ne faut pas mourir avant de mourir », lui disait-elle pour l'encourager à achever son second mandat. Il était devenu, décrit-elle, un homme « vulnérable », « fatigué », qui la recevait couché, chez lui, avenue Frédéric-Le-Play. « Il me priait de lui masser les pieds, il sentait que l'énergie revenait. » À l'issue de leur dernière entrevue, le 19 décembre 1995, ils se dirent « au revoir ». Elle avait rempli sa mission, qui était, à sa demande, « de l'aider à se préparer à mourir ». Lui avait préfacé le premier livre de la clinicienne, *La Mort intime*, devenu un best-seller. « Cet homme a été le plus important dans ma vie, dira-t-elle. Il m'a mise sur un chemin. »

Il y eut néanmoins d'autres confidentes dans les dernières années de l'existence de François Mitterrand. On fut très surpris d'apprendre en 2000, de la bouche de l'intéressée elle-même, que l'astrologue Élizabeth

Teissier, par ailleurs une fort jolie brune, avait été régulièrement consultée par le président de 1990 à 1995. « Je voulais répondre à toutes sortes d'insinuations qui jetaient le doute sur les rapports, pourtant purement professionnels, entre Mitterrand et moi », affirma-t-elle en dévoilant les enregistrements de ces conversations avec le chef de l'État. On y découvrit que ce dernier l'avait notamment consultée en janvier 1991 pour savoir quel serait le meilleur jour pour déclencher l'opération « Tempête du désert » face aux troupes irakiennes de Saddam Hussein. Dans un registre un peu plus rassurant, mais assez étonnant quand même, il se prit de passion à la même époque pour la blonde et fine Marine Jacquemin, grand reporter de guerre à TF1, chaîne que le vieux président socialiste ne regardait que pour l'apercevoir. Un beau jour de 1992, il demanda à une amie commune, Danièle Burguburu, alors secrétaire générale du Conseil de la magistrature, de lui organiser un rendez-vous avec la belle. Il l'écouta avec grand intérêt raconter ses reportages en Afghanistan, au Rwanda ou ailleurs et s'enticha de la jeune femme au point de l'imposer à des réunions de travail à l'Élysée, où elle fit part de son expérience à une brochette de diplomates et de généraux étonnés. Il lui envoyait de temps à autre des bouquets de fleurs bleues et blanches, couleurs préférées de la jeune femme, choisissait des livres pour elle chez les bouquinistes et lui donnait un accès privilégié à la suite présidentielle lors de ses voyages officiels à l'étranger. De retour de Colorado Springs, où il avait assisté à l'inauguration de la « Library » de George H.W. Bush, il fit même faire à l'avion présidentiel une halte à New York afin de pouvoir se balader avec la jeune femme dans Manhattan. Dans les tout derniers mois, il lui demanda souvent de venir lui faire la lecture, à l'heure du petit déjeuner. « J'aurais eu vingt ans de moins, ma douce Marine, notre histoire en eût été sans doute différente », lui dit-il un jour, plein de nostalgie.

« Trois minutes, douche comprise »

La bienveillance avec laquelle le vieux chef d'État encouragea Jacques Chirac, son principal adversaire politique, à lui succéder à l'Élysée aurait-elle eu à voir avec une certaine affinité en matière de séduction ? Tout opposait pourtant les deux hommes, le vieux sage du socialisme, tout en retenue et en séduction subtile, et le jeune loup du gaullisme, aussi impatient et fonceur que l'autre était calculateur et impavide. Néanmoins, sur le terrain de la conquête, ils se retrouvaient à demi-mot, sinon à demi mondaines, tous deux entraînés par un irrépressible besoin de vaincre la résistance de celles qu'ils avaient choisies. Cette soif inextinguible de victoire, qui les avait portés l'un et l'autre au sommet, le premier seize ans après sa première campagne présidentielle et le second quatorze ans après, était sans doute le moteur de leur donjuanisme compulsif.

À cet égard, chacun garde en mémoire la célèbre formule qui aurait été attribuée à Jacques Chirac par la journaliste Michelle Cotta : « Trois minutes, douche comprise. » Son ancien chauffeur, aussi disert que celui de François Mitterrand, raconte que « lorsqu'il avait rendez-vous avec une femme, c'était à la minute près ». « Une fois déposé chez la dame, il nous donnait un horaire exact, il ne fallait surtout pas être en retard. » Par ailleurs, il utilisait régulièrement une garçonnière dans un immeuble du boulevard Saint-Germain qui abritait le siège départemental du RPR. Ou comment joindre l'utile à l'agréable ! Le journaliste Arnaud Ardoin raconte qu'il y avait aussi bien des « régulières » que des « coups de cœur » ou des

« amuse-bouches », des femmes ministres, des députées, des élues locales ou de respectables bourgeoises de province, des inconnues qui se donnaient à lui[25]. Un autre journaliste, Renaud Revel avait dévoilé que Jacques Chirac, alors maire de Paris, se faisait toujours accompagner d'un minibus aux vitres teintées qui lui permettait d'abriter ses amours à la hussarde[26]. Rien ne semblait arrêter ce bon vivant à l'appétit vorace et auquel rien ni personne ne pouvait résister. Au cours d'une visite à La Réunion, au début du septennat, il avait répondu à une femme qui lui demandait une dédicace : « Montez dans ma chambre si vous voulez ? » Et la femme l'avait suivi, toute heureuse de passer un moment privilégié avec le président.

Il faut dire qu'il était bel homme, ce grand escogriffe au sourire carnassier qui avait fait chavirer le cœur de la très sage Bernadette Chodron de Courcel, rencontrée sur les bancs de Sciences Po en octobre 1951, avant de la quitter quelques mois plus tard pour devenir auditeur libre à Harvard à l'été 1953. Serveur au restaurant Howard Johnson qui jouxtait l'université, il y fit la connaissance de Florence Herlihy, « jeune fille ravissante, écrit-il dans ses Mémoires, dont le père, catholique bon teint, [était] une personnalité connue de Caroline du Sud ». Ils tombèrent amoureux, se baladèrent dans la Cadillac blanche décapotable de la jeune fille qui l'appelait tendrement *honey child* et ils décidèrent même de se fiancer. Sa mère, horrifiée à l'idée d'avoir une bru américaine qui « roule en décapotable », écrit-il encore, le dissuada de s'engager plus avant, et il rompit avec Florence à la rentrée de septembre. Ils furent « aussi émus l'un que l'autre » en se quittant, mais ne se revirent jamais plus. « Je gardais de mon idylle avec Florence un souvenir délicieux, écrit-il, indissociable de ce qu'avait été mon apprentissage du Nouveau Monde[27]. » La « fiancée américaine », retrouvée par le magazine *Paris Match* en 1995, au lendemain de l'élection de Jacques Chirac, était devenue une charmante grand-mère, mais n'avait pas oublié son *french lover*. « Il embrassait divinement bien », se souvenait-elle, et « il se comportait surtout en parfait gentleman [...]. Presque chaque jour, il arrivait avec un bouquet de fleurs, le plus souvent des fleurs champêtres car il n'avait pas assez d'argent pour m'offrir des roses ». Mais le jeune séducteur revint à Bernadette, à son oncle aide de camp du général de Gaulle et à la très respectable et catholique famille des Chodron de Courcel, anoblie sous le second Empire. Au début hésitant à accorder la main de leur fille à ce jeune parvenu sans fortune et sans foi religieuse, ils se laissèrent convaincre après les fiançailles, organisées en octobre 1953. Le mariage, célébré le 16 mars 1956, n'eut pas lieu en la basilique Sainte-Clotilde, comme il était d'usage pour les grandes familles du faubourg Saint-Germain, mais dans l'annexe, la chapelle de Jésus-Enfant, destinée aux cérémonies plus intimes. Bernadette confiera beaucoup plus tard que ce n'était « pas qu'un mariage d'amour mais un mariage d'ambition ».

Il semble néanmoins qu'elle se soit résignée à accepter les nombreuses incartades de son époux aux appétits gargantuesques : « Au début, c'était dur hein !, confiera-t-elle à son amie Anne Barrère en 2016. Au début, j'ai eu beaucoup de chagrin... et puis après, je m'y suis faite. Je me suis dit que c'était la règle et qu'il fallait la subir avec autant de dignité que possible. » En revanche, leur mariage fut bien près de rompre au milieu des années 1970, lorsque Jacques Chirac vécut sans doute la grande passion de sa vie. Elle s'appelait Jacqueline Chabridon, c'était une jolie journaliste blonde de 35 ans au visage poupin et au nez mutin, envoyée en décembre 1974 par *Le Figaro* pour suivre un déplacement du Premier ministre à Clermont-Ferrand. Si l'on en croit l'anecdote, leur idylle se serait nouée au moment du traditionnel banquet républicain, quand il l'avait défiée d'avaler aussi vite que lui l'une des dizaines de têtes de veau alignées sur le buffet. « Le premier qui la mange en entier a gagné, proposa Chirac. Vous êtes prête, chère madame ? » Rieuse, audacieuse, festive, tout le contraire de Bernadette, elle avait relevé le défi… de conquérir le cœur du Gargantua en bretelles. Fille de militant communiste, mariée en 1963 par François Mitterrand, maire de Château-Chinon, à Charles Hernu, qu'elle avait rencontrée au journal *Combat*, cette femme de gauche fit donc le grand saut par amour pour le jeune loup de la droite. Il faut dire que Jacques et Jacqueline, c'était du sérieux, contrairement à toutes les passades qui avaient jalonné l'histoire du couple Chirac. Pour abriter leurs amours clandestines, il avait même loué un petit deux-pièces rue de Marignan, avec un canapé moelleux et un poste de télévision blanc. Alors que les conseillers du Premier ministre, Pierre Juillet et Marie-France Garaud, avaient prévu un week-end de travail dans la majestueuse demeure poitevine de cette dernière, il les avertit au dernier moment : « Je viens avec une amie. » Pour Jacqueline, rien n'était trop beau, ou trop osé ! « Il était aux petits soins. Elle avait le sentiment d'être sa princesse », commente la journaliste Laureline Dupont. « Il était fou d'elle, renchérit Anita Hausser. Elle faisait la pluie et le beau temps à Matignon, disait-on. » Sous son influence, plusieurs figures éminentes de la gauche, dont la féministe Gisèle Halimi, furent invitées par le Premier ministre de droite. Amateur caché de lettres et de poésie, Jacques Chirac aimait offrir à sa belle des volumes de La Pléiade. Un soir, il fit ouvrir à 23 heures la boutique Cardin de l'avenue Montaigne pour lui offrir un pull chasuble bleu nuit qui lui allait à ravir.

Une autre fois, il l'emmena en escapade à La Rochelle, où, vêtu d'un blue-jean et coiffé d'une perruque, il déjeuna sur le port avec sa maîtresse. Puis il organisa un voyage officiel aux Antilles en pleines fêtes de Noël, organisant des points presse sans véritable motif, juste pour la voir. « En réalité, tout le monde savait », raconte au magazine *Gala* la journaliste Pauline de Saint-Rémy. Mais ils « n'auraient alors jamais imaginé en parler[28] ». Même lorsque le Premier ministre, accompagné de Bernadette, fut invité en Inde, suivi bien sûr par Jacqueline parmi les journalistes accrédités. On raconte que la visite au Taj Mahal – temple de l'amour – vira au vaudeville car Bernadette, surnommée « la Tortue » par son mari, lambinait à l'arrière du cortège, tandis que Jacques ouvrait la marche, sa maîtresse tout près de lui. « On avait l'impression qu'ils faisaient l'amour, c'était gênant ! », témoigne la journaliste Catherine Nay[29]. Au moment de partir, Chirac monta dans la voiture officielle… oubliant même son épouse !

Cette dernière fut, semble-t-il, informée de cette idylle étonnamment tenace par Marie-France Garaud, qui y voyait un risque politique majeur. Éperdu d'amour, Chirac lui aurait laissé entendre qu'il avait l'intention d'épouser Jacqueline « On ne divorce pas quand on veut atteindre les plus hautes fonctions », lui répondit sa conseillère. Par ailleurs, les giscardiens se faisaient un plaisir de distiller fuites et rumeurs auprès des journalistes. Et lorsque l'on apprit que *Le Nouvel Observateur* s'apprêtait à publier en avril 1976 un court article intitulé « La garçonnière du Premier ministre », il devint urgent de réagir. La publication fut stoppée et Jacques sommé de mettre fin à cette liaison compromettante. Ce qu'il fit la mort dans l'âme… mais par téléphone : « On n'a pas le droit de divorcer ! On peut avoir des histoires, mais il faut toujours revenir à la grotte », aurait-il lancé à la pauvre Jacqueline, mortifiée, avant des adieux minutés qui furent organisés, dit-on, dans le propre bureau de Marie-France Garaud. C'est Charles Pasqua qui se chargea de faire récupérer les lettres d'amour du couple. Jacqueline, inconsolable, fit une tentative de suicide, puis elle divorça de Charles Hernu, dont elle était déjà séparée, et se remaria avec le journaliste Alain Fernbach. Socialiste de cœur, c'est auprès de Michel Rocard qu'elle recommença à fréquenter Matignon en 1988, mais cette fois pour des raisons strictement professionnelles, en tant que responsable du service de presse.

Quant à Jacques Chirac, qui avait préféré l'ambition politique à la passion amoureuse, il ne tarda pas à retomber dans sa traditionnelle boulimie de conquêtes. La journaliste Ghislaine Ottenheimer, qui fut l'une des rares à lui résister, raconte comment il s'incrusta un soir de 1993 dans sa chambre de l'hôtel Negresco de Nice, sous prétexte de parler politique, littérature et arts premiers, attendant en vain qu'elle lui cède jusqu'à 3 heures du matin[30]. « Vous savez que mon mari me trompe » confia Bernadette à une journaliste de *Madame Figaro* qui l'accompagnait pour le numéro spécial de novembre 1985 dont elle était la rédactrice en chef. Il y avait belle lurette qu'elle avait pris son parti des infidélités de son insatiable époux. « Je savais bien qu'en s'engageant dans cette voie, mon mari allait m'échapper, qu'il serait parti tout le temps, sans cesse sollicité… Je n'ai eu qu'une solution… m'accrocher au rocher. Je me suis constamment ajustée… j'ai trop vu de ménages en politique qui ont explosé[31]. » Aussi supporta-t-elle sans broncher que Jacques Chirac affiche aux Journées parlementaires du RPR, en mars 1989, une proximité embarrassante avec la jolie Michèle Barzach, adjointe aux affaires sanitaires et sociales à la mairie de Paris, au grand dam de

Françoise de Panafieu, adjointe à la culture[32]. L'un des députés présents ce jour-là dira plus tard : « Il nous a bien énervés, il avait une heure de retard. Nous savions très bien où il était[33]. » Lorsqu'il fut élu président de la République en 1995, Michèle Barzach fit partie des douze « juppettes », les femmes choisies pour figurer dans le gouvernement d'Alain Juppé. Les mauvaises langues racontaient que pas moins de sept d'entre elles avaient été les maîtresses du chef de l'État.

Mais avant d'arriver à l'Élysée, il s'était entiché d'une nouvelle journaliste, Élisabeth Friederich, chargée à l'AFP de suivre les affaires de la ville de Paris, dont il était le maire. Tout le monde savait à l'agence de presse qu'il se présentait sous le nom de « Nicolas » en tentant maladroitement de dissimuler sa voix, lorsqu'il appelait la jeune femme. Une photographie publiée par *Libération* en juillet 2001 la montrait allongée sous un parasol en compagnie du président de la République, en vacances dans l'un des plus luxueux palaces de l'île Maurice. Leur liaison n'était pas nouvelle, démarrée au milieu des années 1980. Ce n'était pas leur premier voyage à l'île Maurice, où il l'avait déjà emmenée lorsqu'il était maire de Paris, pour une semaine de plaisirs adultérins. Il semble qu'elle ait beaucoup voyagé en compagnie de Jacques Chirac, à Rome, en Tunisie, le tout aux frais du contribuable parisien. Puis, lors d'un sommet de la francophonie à Cotonou, en 1995, il l'imposa à sa table au milieu des dignitaires africains. Plus tard, c'est le nom d'une vedette, Claudia Cardinale, qui défraya la chronique des conquêtes de Jacques Chirac. Dans son livre de souvenirs, Jean-Claude Laumond, ancien chauffeur du président, raconta que ce dernier était injoignable au soir de la mort de lady Diana, le 31 août 1997, parce qu'il se trouvait au domicile de l'actrice[34]. Celle-ci démentit évidemment la rumeur, mais Bernadette Chirac semble y avoir prêté quelque crédit. Lors d'un déplacement en Corrèze, en 1998, visiblement agacée par les journalistes, elle déclara : « Pourquoi toute cette presse ? Je ne suis tout de même pas Claudia Cardinale ! » Mais elle se consola à l'heure de la retraite bien sonnée : « Je ne connais pas toutes les maîtresses de mon mari. Mais ce qui me fait plaisir, c'est qu'elles sont devenues aussi laides que moi aujourd'hui[35]. »

ÉPILOGUE

Le temps de l'exhibition, de Sarkozy à Macron

« L'érotisme coule à pleins bords aujourd'hui. Il crie, il hurle dans toutes les rues, par mille affiches », écrivait déjà François Mauriac en 1961[1]. Qu'aurait-il dit de notre XXIe siècle, inondé d'images, réelles ou virtuelles, de photographies, de films, de vidéos, de messages qui nous immergent dans un bain d'érotisme permanent ? De plus en plus, à tous les niveaux de la société, prime une sorte d'exigence sociale du dévoilement. La distinction claire et normée entre privé et public semble dépassée. Les mutations technologiques liées aux téléphones portables et à la connexion quasi permanente aux réseaux sociaux brouillent la distinction des espaces physiques et temporels, personnels et professionnels. « La reconnaissance des espaces d'intimité a fait place au droit et même au devoir de [se] montrer », constate le psychanalyste José Morel Cinq-Mars[2]. Dans un tel contexte, le rapport des hommes de pouvoir à la séduction, à la sensualité et au sexe, la représentation de ces rapports et leur perception par l'opinion ne pouvaient qu'évoluer.

Lentement, très lentement, comme en ont fait la triste expérience la plupart des femmes qui se sont aventurées dans les sphères du pouvoir. On se souvient d'Édith Cresson, nommée à la fonction de Premier ministre en mai 1991, la seule à ce jour, en butte aux quolibets machistes d'une classe politique dominée par les mâles de plus de 50 ans. « On nous envoie la Pompadour », osa déclarer un député qui devait se croire très drôle, tandis qu'un autre se demandait si elle avait « une culotte en dessous ». La presse ne fut pas en reste, *Le Quotidien de Paris* n'hésitant pas à titrer l'un de ses articles : « Hue Cocotte ! », tandis que, dans l'inénarrable Bébête Show, qui n'en était pas à une vulgarité près, la marionnette de François Mitterrand s'exclamait : « Je m'ennuie, alors la greluche, je la viole. » Et les rumeurs allaient bon train, soupçonnant le monarque républicain d'avoir promu Édith Cresson parce qu'elle aurait été sa maîtresse. On entendit les mêmes ragots de bas étage lorsque Ségolène Royal fut nommée ministre de l'Environnement dans le gouvernement Bérégovoy en avril 1992, alors que son compagnon François Hollande restait dans l'anonymat de l'Assemblée nationale. Lorsqu'elle fut choisie haut la main en 2016 lors des primaires du Parti socialiste, son concurrent malheureux Laurent Fabius trouva amusant de demander : « Mais qui va garder les enfants ? », tandis que Jean-Luc Mélenchon estimait sur RTL que « la présidence de la République n'est pas un concours de beauté[3] ».

Et l'on ne compte pas les remarques sexistes adressées aux femmes à l'Assemblée nationale jusqu'à nos jours. Dominique Voynet, ministre de l'Environnement dans le gouvernement de Lionel Jospin, en fut la victime à la fin des années 1990, de même que sa collègue écologiste Cécile Duflot, ministre du Logement en 2012, et qui fut sifflée parce qu'elle avait osé porter une robe à fleurs bleues et blanches dans l'hémicycle. Une élue socialiste se serait ainsi entendue dire par un collègue UMP des Yvelines : « Habillée comme ça, faut pas s'étonner de se faire violer ! » Quant à Chantal Jouanno, ministre des Sports dans le gouvernement de François Fillon, elle confiait ne pas pouvoir porter de jupe dans l'hémicycle sans entendre dans son dos des remarques salaces. En juin 2013, Hugues Foucault, député du Parti chrétien-démocrate, se permit d'écrire dans un tweet que Najat Vallaud-Belkacem, ministre de l'Éducation nationale, suçait son stylo « très érotiquement ». La coprésidente du groupe EELV à l'assemblée, Barbara Pompili, s'était vu attribuer le surnom de « Barbie », souvent repris dans la presse. Sa collègue Véronique Massonneau, défendant un amendement sur les retraites en octobre 2013, fut interrompue par le député du Morbihan Philippe Le Ray imitant le caquetage d'une poule. Quant à Alice Thourot, députée de la Drôme, ce sont les bêlements d'une chèvre, venus de la droite de l'hémicycle, qui perturbèrent son discours en août 2017.

On voit bien à quel point les députés de l'ancienne école, pour ne pas dire de l'ancien monde, ont du mal à se défaire de leurs réflexes machistes. En revanche, le dévoilement de l'intime leur est de plus en plus familier. Sur son blog, le sociologue Christian Salmon, qui a beaucoup travaillé sur le storytelling, dénonce une « realpolitik des émotions qui pousse les hommes politiques à faire un usage stratégique de leur vie privée ». Il se réfère à ce qu'annonçait dès les années 1970 l'Américain Richard Sennett, évoquant la « chute de l'homme public » : « Il aveuglera et dominera les gens aussi sûrement qu'un individu démoniaque, s'il arrive à les persuader de s'intéresser à ses goûts personnels, aux toilettes de son épouse, à l'amour qu'il éprouve pour les chiens, etc. » C'est ainsi qu'au temps du secret a succédé celui de l'exhibition.

La saga de Nicolas et Cécilia

On peut considérer qu'un basculement a eu lieu avec l'arrivée au pouvoir d'une nouvelle génération, incarnée par Nicolas Sarkozy, élu président en 2007. Certes, avant lui il y avait eu Giscard d'Estaing qui voulait « regarder la France au fond des yeux ». Il y avait eu Laurent Fabius posant en couverture de son autobiographie sur une moto, chemise ouverte et casque en main, et confessant son amour des carottes râpées et son intérêt pour la « Star Academy ». Le même fut d'ailleurs l'inventeur d'une célèbre formule prononcée lors d'une émission de télévision, le 15 octobre 2003, et attribuée à tort à Nicolas Sarkozy. Au journaliste qui lui demandait s'il pensait à l'Élysée, l'ancien Premier ministre socialiste avait répondu : « J'y pense parfois le matin en me rasant », dévoilant ainsi l'une de ses pensées les plus intimes. Et c'est par référence explicite à cette réplique que, quelques semaines plus tard, le 20 novembre 2003, un autre journaliste demanda à Nicolas Sarkozy : « Quand vous vous rasez le matin [...] est-ce qu'il vous arrive à ce moment-là de penser à l'élection présidentielle ? » « Pas simplement quand je me rase », répondit laconiquement le futur chef de l'État. C'est ainsi que ce dernier a véritablement fait entrer la politique dans l'ère de la « démagogie communicationnelle », comme le souligne Marcel Gauchet. Non seulement par ses coups d'éclat permanents à l'encontre des « racailles » de banlieue, qui lui ont permis d'incarner l'idéologie sécuritaire, passeport vers l'Élysée, mais aussi parce qu'il a réalisé, sans pudeur et sans complexe, la fusion du corps privé et du corps public de l'homme de pouvoir, faisant de son parcours amoureux un feuilleton permanent de la vie politique.

« Qu'est-ce qu'il y a de plus beau que de faire partager ses émotions ? », confiait-il en s'exposant main dans la main avec sa femme Cécilia sur le plateau de l'émission-phare « Vivement Dimanche », le 15 janvier 2006. En réalité, cette déclaration d'impudeur revendiquée ponctuait une séquence de séparation de plusieurs mois d'avec sa femme, scrutée à la loupe par tous les médias, et qui avait permis quatre jours plus tôt au magazine *VSD* de faire sa une avec ce titre digne des journaux pour midinettes : « Pourquoi ils se sont retrouvés. » C'était une manière de refermer le cycle de la tragédie qui s'était ouvert en août 2005 lorsque l'autre grand magazine photographique, *Paris Match*, avait publié en couverture un cliché de Cécilia en compagnie de son amant Richard Attias, provoquant les foudres du ministre Sarkozy. Et c'est ce qui poussa ce même magazine, soucieux de se réconcilier avec celui qui allait devenir chef de l'État, à consacrer 20 % de ses couvertures au couple présidentiel en 2007. Dans son édition du 20 août de l'an I du sarkozysme, le magazine poussa même la complaisance jusqu'à retoucher une photo du président en vacances afin de diminuer ses « poignées d'amour ».

La saga amoureuse de Nicolas et Cécilia faisait depuis longtemps les choux gras de la presse people. Marié en premières noces avec Marie-Dominique Culioli, il avait en 1994 arraché la belle Cécilia Ciganer, petite-fille du compositeur catalan Isaac Albéniz, au célèbre animateur Jacques Martin, alors qu'il avait lui-même célébré leur mariage dix ans plus tôt en tant que maire de Neuilly-sur-Seine. Cécilia, épousée en 1996, l'avait accompagné dans tous ses combats, d'abord dans sa traversée du désert après qu'il eut trahi Jacques Chirac pour Édouard Balladur lors de l'élection présidentielle de 1995, puis lors de son irrésistible remontée vers les sommets, au ministère de l'Intérieur et à celui de l'Économie et des Finances, devenant le rival du Premier ministre Dominique de Villepin. Certains laissèrent entendre que ce dernier aurait d'ailleurs attisé les braises de la discorde dans le couple Sarkozy, demandant à l'un de ses proches de téléphoner à Cécilia pour l'avertir des infidélités de son séducteur de mari. C'est ce qui l'aurait décidée à le quitter au plus mauvais moment, en mai 2005, à une semaine du référendum sur la Constitution européenne. Elle aurait confié à la journaliste Valérie Domain, auteur d'une biographie « interdite » transformée en roman à clefs, qu'on lui avait donné « des noms, des dates, des lieux[4] ». En somme, « on » était très bien renseigné. Toujours est-il qu'à la stupeur générale des publicitaires et des hommes politiques présents, dont François Fillon, elle était apparue le 21 mai 2005 au bras de l'homme d'affaires Richard Attias lors du forum international de Pétra, en Jordanie, dont il était l'organisateur. Le ministre, sonné, vint cinq jours plus tard avouer son infortune devant les caméras de télévision : « La vérité est simple : comme des millions de familles, la mienne a connu des difficultés. Ces difficultés, nous sommes en train de les surmonter. » Le 29 mai, elle était néanmoins revenue à ses côtés pour voter à Neuilly pour le référendum sur la Constitution européenne. C'était la fin du premier acte du feuilleton Sarkozy. Mais ce n'était pas la fin de l'histoire, loin de là.

« Vous avez aimé Jackie Kennedy, vous allez aimer Cécilia ! »

Trois mois plus tard commençait l'acte deux, les Français découvrant les photographies de Cécilia tendrement enlacée par Richard Attias dans les rues de New York, tandis que le ministre de l'Intérieur semblait se morfondre à Paris. Furieux, ce dernier obtint de son ami Arnaud Lagardère la démission du directeur de *Paris Match*, Alain Genestar. Néanmoins, il ne tarda pas à se consoler entre les bras de la ravissante Anne Fulda, journaliste politique au *Figaro*, alors en instance de divorce. Il semble que celle-ci n'ait pas souhaité rendre publique sa relation avec le ministre, par égard pour ses enfants, tandis que Nicolas Sarkozy y était plutôt favorable, peut-être pour montrer aux Français qu'il n'était pas un perdant. On sait néanmoins que la photographe attitrée du ministre, Élodie Grégoire, fit poser le nouveau couple devant un drapeau tricolore dans son bureau officiel, peut-être en prévision de la campagne présidentielle. Anne Fulda s'installa d'ailleurs place Beauvau, dans l'appartement de fonction du ministre. Bien qu'elle eût refusé de jouer un rôle officiel au sein du cabinet, contrairement à Cécilia, elle assistait à des réunions et, peu à peu, l'habitude fut prise de la voir en public aux côtés du ministre. On les vit chez Darty faire des achats en commun. À l'occasion d'une visite officielle au Maroc, ils passèrent à la mi-novembre 2005 un week-end à La Mamounia, l'hôtel le plus luxueux de Marrakech. C'est le moment que choisit Cécilia pour tenter de reprendre son rôle d'épouse, débarquant place Beauvau avec ses valises, mais depuis le Maroc Nicolas ordonna que l'on renvoyât les bagages de sa femme. Le jour de Noël, il s'envola avec Anne pour l'île Maurice, où il offrit à sa belle une bague incrustée de diamants, en forme de promesse sans doute.

Pourtant, coup de théâtre, et début du troisième acte, le 2 janvier 2006, quand Nicolas alla attendre à l'aéroport de Roissy Cécilia et leur fils Louis qui revenaient de New York. Après quelques heures passées avec sa femme, il appela Anne pour lui annoncer que c'était fini. Quelle aubaine pour la presse people ! Le magazine *Gala* consacra un article aux retrouvailles, racontant aux lecteurs que le ministre, soi-disant inconsolable et solitaire pendant l'exil de son épouse, avait tout fait pour la reconquérir. Indispensable storytelling ! Cécilia repartit s'installer à New York, où le petit Louis serait désormais scolarisé, mais elle revint quelque temps plus tard, jouant docilement le rôle de l'épouse au premier rang d'un meeting, le 22 juin à Agen, puis lors d'un week-end à Venise, où, sous les objectifs des photographes, ils semblaient à nouveau très amoureux. Ne s'était-elle pas engagée à rester avec lui, au moins jusqu'à la présidentielle ? « Par devoir », dira-t-elle plus tard, tant elle n'en pouvait plus de cette vie trépidante. Mais elle joua le jeu jusqu'au bout afin de l'aider à franchir la dernière marche. « Je suis mal dans ma peau, mais je suis là. J'aiderai Nicolas », confiait-elle quelques jours avant le grand meeting du 14 janvier 2007 au Palais des sports, au cours duquel Nicolas allait recevoir l'investiture de l'UMP pour la course à l'Élysée. Et, de fait, elle joua un rôle majeur dans l'organisation de la campagne victorieuse, choisissant le QG du candidat, rue d'Enghien, où elle avait son bureau, imposant Xavier Bertrand comme porte-parole du candidat ainsi que Rachida Dati, son amie fidèle. Mais, subitement, à l'approche du premier tour, elle reprit de la distance, comme effrayée par la perspective de la victoire, demandant à Nicolas d'aller habiter ailleurs, chez son ami Dominique Desseigne, et boudant ostensiblement le meeting de l'entre-deux-tours à Bercy. Et, au soir de la victoire, il fallut l'insistance de sa fille Jeanne-Marie pour la convaincre de se joindre à la fête organisée au Fouquet's, seule, le visage fermé, elle qui n'avait même pas voté ce jour-là. « Vous avez aimé Jackie Kennedy, vous allez aimer Cécilia », fanfaronnait le nouveau président en sortant au bras de sa femme. Forfanterie ou incantation ?

Il y eut néanmoins un quatrième acte à cette tragi-comédie sentimentale qui tenait en haleine les Français. Le 16 mai 2007, lors de la cérémonie d'intronisation présidentielle, elle fit une entrée triomphante dans la cour de l'Élysée, en robe Prada, Ray-Ban et poses de star, entourée de ses enfants et de ceux de Nicolas. À la différence d'Yvonne de Gaulle, Claude Pompidou, Anne-Aymone Giscard d'Estaing et Danielle Mitterrand, qui n'étaient pas présentes lors de cette cérémonie rituelle, elle fut au cœur de la fête, telle une nouvelle maîtresse du palais. Et chacun se disait que le président « bling-bling » était reparti pour un tour de piste avec celle qui l'avait aidé à conquérir le pouvoir. Pourtant, dès le lendemain, elle reprenait de la distance, réfugiée loin de son mari au fort de Brégançon, la résidence d'été des chefs d'État. Mais c'est elle, l'indispensable, qui choisit les principaux conseillers de Nicolas Sarkozy, notamment Henri Guaino, gaulliste inspiré. À la fin du mois de juillet, c'est elle qui alla chercher en Libye les infirmières bulgares libérées par le colonel Kadhafi après huit longues années de négociations et un gros chèque de l'État français. À cette occasion, on oublia la polémique du mois précédent concernant son utilisation d'une carte de paiement pour des dépenses directement prélevées sur les fonds publics de la présidence de la République, et qu'elle s'était empressée de rendre pour couper court à toute controverse. Mais ce n'était que le dernier feu d'un amour depuis longtemps éteint et, le 7 octobre 2007, Nicolas et Cécilia annonçaient leur divorce… par consentement mutuel. Ce fut le premier de notre histoire présidentielle !

Avec Carla, c'est du sérieux !

Le grand amour surgit à l'improviste dans la vie du président délaissé un soir de novembre 2007, lors d'un dîner chez le publicitaire Jacques Séguéla. On ne pouvait rêver plus « people » que Carla Bruni, top model archiconnue, chanteuse à succès et croqueuse d'hommes invétérée. La « plus grande passion » de Carla Bruni, ce sont les hommes, s'amusait le journal allemand *Süddeutsche Zeitung*, ajoutant que « les présidents français savent tout de l'érotisme du pouvoir ». Le grand public découvrit un mois plus tard le chef de l'État en goguette avec la star à Eurodisney, portant sur ses épaules le fils de sa nouvelle compagne, puis en amoureux au pied des pyramides d'Égypte, le 30 décembre 2007. « Avec Carla, c'est du sérieux », répondit le chef de l'État lors de ses vœux à la presse, en janvier 2008, à un journaliste qui lui demandait si leur mariage était pour bientôt. « Nulle part ailleurs que dans le pays fondateur de la démocratie moderne, l'action du gouvernement ne s'est métamorphosée avec une telle perfection en soap opera », constatait ironiquement le magazine *Der Spiegel*. Et c'est ainsi que, le 2 février 2008, à 10 h 45, Nicolas Sarkozy, après une réunion de crise portant sur la situation militaire au Tchad, se rendit au salon Vert du palais de l'Élysée où l'attendaient Carla et le maire du VIIIe arrondissement de Paris, François Lebel, qui procéda à la cérémonie. Dès lors, la passion de Nicolas et Carla se confondit avec l'histoire officielle de l'Élysée, où la première dame disposait d'un bureau ainsi que d'un secrétaire particulier. Leur visite au Royaume-Uni, en mars 2008, fut l'occasion pour la presse « people » d'en faire des tonnes sur l'élégance discrète et les pudeurs de jeune fille de Carla, que la presse britannique compara à Diana ou à Jackie Kennedy. Le paradoxe était que la même presse tabloïd avait publié des photos de Carla nue à la veille de ce voyage, ce qui n'empêcha pas le prince Charles de déposer un baiser sur la main gantée de la « First Lady du chic » en robe Christian Dior. Puis elle représenta son présidentiel époux lors de la visite du dalaï-lama en France en août 2008, se rendit notamment au Burkina Faso et au Bénin comme ambassadrice pour le Fonds mondial de lutte contre le sida, la tuberculose et le paludisme. Elle se démena pour que soient libérées Sarah Zaknoun et Céline Faye, deux Françaises condamnées à huit ans de prison en République dominicaine pour trafic de drogue. Elle intervint aussi pour que Marina Petrella, une ancienne membre des Brigades rouges, condamnée à la prison à perpétuité pour divers crimes dont l'assassinat d'Aldo Moro, ne soit pas extradée en Italie, ce qui fut vivement critiqué dans la péninsule. Puis ce fut au tour d'un quotidien iranien de s'indigner parce qu'elle avait écrit une lettre en août 2010 pour soutenir la libération d'une jeune femme condamnée à mort. Solidaire et digne lorsque Nicolas échoua en 2012 pour sa réélection, puis en 2016 lorsqu'il fut battu aux primaires de son parti, elle prouva aux Français qu'elle n'était pas qu'un fantasme sur papier glacé mais une artiste et une femme libre, amoureuse de l'homme de sa vie.

Embrasse-moi... sur la bouche !

Tout autre fut le destin médiatique de celle qui lui succéda très provisoirement à l'Élysée. « Je n'en peux plus de cette vie… Ce sera terrible », aurait confié une Carla Bruni épuisée et déprimée à Valérie Trierweiler, la nouvelle « première dame », qu'elle reçut, chose exceptionnelle, dans le salon des Cartes de l'Élysée, le 15 mai 2012, jour de l'investiture de François Hollande. Journaliste expérimentée, la compagne du président élu ne prit pas au sérieux les avertissements de sa devancière, persuadée qu'elle était de pouvoir gérer sa situation inédite de compagne et non d'épouse du chef de l'État. Mais n'était-ce pas présumer de ses forces, et des ravages de la surmédiatisation présidentielle ? Elle aurait dû se souvenir que sa liaison secrète avec François Hollande, alors en couple avec Ségolène Royal, avait été révélée par les journalistes Raphaëlle Bacqué et Ariane Chemin dans leur livre *La Femme fatale*, au lendemain même de l'élection présidentielle perdue par la candidate socialiste en mai 2007. À peine la rupture avec Ségolène officialisée en juin, après les élections législatives, aussitôt les paparazzi de *Closer* s'étaient fait un plaisir de mitrailler Valérie en vacances avec François, au mois d'août suivant ! On n'échappe pas à l'exhibition en ce XXIe siècle de la politique-spectacle ! C'était un secret de polichinelle dans le petit monde politico-médiatique que François et Valérie filaient le parfait amour depuis plusieurs années, très exactement depuis ce jour du 15 avril 2005 où ils avaient échangé leur premier baiser. Depuis ce jour fatidique, le long « flirt » entre le premier des socialistes et la journaliste de *Paris Match* qui le suivait depuis longtemps s'était transformé en une passion dévorante, mais dissimulée au grand public.

D'une certaine manière, ils devaient leur rencontre à François Mitterrand, qui avait le premier repéré la jeune femme, alors journaliste débutante à l'hebdomadaire *Profession politique*, un beau jour de 1989. Aussitôt, le président prédateur avait invité la belle à déjeuner en tête à tête à l'Élysée, ce qu'avait remarqué Laurence Masurel, l'une des plumes de *Paris Match*. Fine mouche, elle avait aussitôt fait embaucher la belle dans sa rédaction, afin d'avoir une entrée privilégiée au palais[5]. Mais il n'y eut pas de suite, car c'est à un autre François que s'était attachée Valérie Trierweiler. À partir de 2007, son idylle avec le premier secrétaire du Parti socialiste s'étala donc au grand jour. C'est à croire qu'il avait fallu cette exhibition involontaire de sa liaison « adultérine » pour que François Hollande, souvent raillé pour sa prétendue mollesse de « Flanby » ou de « Fraise Tagada », prenne une sorte d'épaisseur romanesque, peut-être une figure de virilité conquérante, qui le propulsait désormais au rang de candidat à la présidentielle. Il n'était pas dans son tempérament, ni dans sa conception de la politique, d'exhiber ses amours comme le faisait Nicolas Sarkozy. Mais il y fut conduit par la force des choses, et notamment par la volonté de Valérie, sans cesse torturée par l'idée de n'être qu'une usurpatrice et qui n'avait de cesse que de montrer à l'opinion que, désormais, François était à elle, entièrement à elle. C'est pourquoi elle avait tenu à ce qu'il donne à l'une de ses amies journalistes une interview, ainsi titrée en couverture du magazine *Gala* du 13 octobre 2010 : « Valérie est la femme de ma vie. »

Lors d'un meeting de la campagne présidentielle à Rennes, le 4 avril 2012, elle avait été ulcérée que Ségolène rejoigne son ancien compagnon sur la scène, sous les applaudissements. Au soir de la victoire, le 6 mai, place de la Bastille, elle n'avait pu empêcher l'étreinte entre François et la mère de ses enfants, mais elle s'était empressée de le rejoindre en lui intimant : « Embrasse-moi… sur la bouche. » Le jour de l'intronisation présidentielle de François, le 15 mai, elle avait obtenu que Ségolène ne soit pas invitée et innova en serrant la main des corps constitués, ce qu'aucune « première dame » n'avait osé faire avant elle, comme pour bien marquer que, désormais, c'était chasse gardée. Lorsque Ségolène, officiellement soutenue par l'Élysée, se porta candidate à La Rochelle, en juin 2012, face au dissident socialiste Olivier Falorni, Valérie franchit la ligne jaune en publiant un tweet dévastateur soutenant ce dernier ! C'est peut-être ce jour-là, dans le maelström fatal de la surmédiatisation, que se produisit la rupture irréversible dans l'esprit de François Hollande. Et tandis que, de toutes parts, pleuvaient les critiques à l'encontre de Valérie, il mit sèchement les choses au point dans son interview du 14 juillet : « Les Français sont, j'allais dire, comme moi, ils veulent que les choses soient claires, que l'État soit dirigé par celui qu'ils ont choisi et qu'il n'y ait aucune interférence. »

L'amour caché du président

Il y eut une interférence, et de taille, lorsque, le 10 janvier 2014, le magazine *Closer* publia à la une les photos de « l'amour caché du président », l'actrice Julie Gayet, ajoutant qu'il passait « ses nuits avec elle à deux pas de l'Élysée ». Photos volées, à la différence de celles de Mazarine, publiées vingt ans plus tôt avec l'autorisation de François Mitterrand, et qui avaient levé pour la première fois le tabou de la vie privée des présidents, ouvrant la boîte de Pandore de l'exhibition. Fille du docteur Brice Gayet, ami de longue date de François Hollande, socialiste convaincue, Julie avait participé avec enthousiasme à la campagne de 2012 et c'est peut-être à cette époque que s'était nouée une idylle avec le futur président, alors même que Valérie Trierweiler se voyait aux portes de son triomphe. Dès le mois de février 2013, François s'était affiché avec Julie sur le tournage du film *Les Âmes de papier*. Pendant l'été, il n'avait pas rejoint Valérie en Grèce, où elle passait ses vacances, préférant être reçu dans le Gers dans le manoir des Gayet. Il avait beau demander à ses amis ministres de lui servir d'alibi, truffer l'agenda présidentiel de faux rendez-vous, Valérie se doutait de quelque chose. La trahison de son compagnon ne fut donc pas tout à fait une surprise pour elle, mais la voir ainsi étalée au grand jour l'a plongea dans une rage folle, une crise de nerfs si violente qu'il fallut l'hospitaliser. Et c'est dans sa chambre d'hôpital qu'elle put découvrir dans toute la presse people, y compris son propre journal *Paris Match*, les articles consacrés à celle qui avait pris sa place dans le cœur de François. Le 25 janvier 2014, par un communiqué laconique à l'AFP, ce dernier faisait savoir qu'il mettait fin à « la vie commune » avec Valérie.

Mais cette dernière ruminait déjà sa vengeance, qui serait forcément médiatique, entraînée qu'elle était dans la spirale infernale de l'exhibition sentimentale. Ce fut le brûlot publié en septembre 2014 sous le titre *Merci pour ce moment*, et dans lequel elle décrivait un François Hollande dissimulateur, cynique, hypocrite, et pire encore pour un président socialiste, méprisant les pauvres, ceux qu'il aurait surnommés les « sans-dents. » Avec près d'un million d'exemplaires vendus, c'était une arme de destruction massive contre une éventuelle réélection d'un chef de l'État qui tenait désespérément de renouer avec la popularité. Sérieusement refroidi par les ravages de l'exhibition médiatique, ce dernier prit soin dans les années qui suivirent de garder sa relation avec Julie Gayet à l'abri des photographes. Il y eut bien quelques photos de paparazzi qui les montraient pique-niquant dans les jardins de l'Élysée. Mais il fallut attendre les funérailles de

Johnny Halliday, le 9 décembre 2017, pour les découvrir officiellement ensemble, assis au premier rang, place de la Madeleine, à côté de l'autre couple people que formaient Nicolas et Carla. Mais ils n'étaient déjà plus à cette époque sous les feux des projecteurs élyséens, désormais braqués sur un autre couple, ô combien médiatique lui aussi : Emmanuel et Brigitte !

« J'ai senti que je glissais ! »

Faut-il ajouter un nouvel épisode de cette histoire érotique à propos du couple Macron ? Ce serait trivialiser ce que chacun s'accorde à reconnaître comme une extraordinaire histoire d'amour. Au passage, cette remarque s'applique aussi à Nicolas et Carla, François et Julie, bien qu'ils soient tombés dans le piège fatal de l'exhibition. C'est toute la perversion du maelström médiatique que d'aspirer irréversiblement vers le feuilleton-people ce qui relève avant tout du sentimental… et sans doute de l'érotique. Mais ce que l'on a envie de retenir d'Emmanuel et Brigitte, plus encore que pour leurs prédécesseurs, c'est la force incroyable d'un amour auquel tout s'opposait, les familles, les codes sociaux, les vestiges de la morale puritaine et les contraintes de la vie. Et pourtant Brigitte Auzière, née Trogneux, mère de trois enfants, professeur de lettres épanouie au lycée privé de la Providence à Amiens, est tombée passionnément amoureuse d'un jeune surdoué de vingt-quatre ans son cadet auquel elle apprenait l'art du théâtre. « J'ai senti que je glissais, lui aussi », confiera-t-elle à *Paris Match* en avril 2016, pour expliquer ce grand amour improbable qui a bouleversé sa vie. « Cette histoire s'est faite doucement », expliquera-t-elle au magazine *Elle* en août 2017, résumant ainsi les treize années interminables qui se sont écoulées entre leur rencontre et son divorce d'avec André-Louis Auzière, des années de doutes, de critiques de la part de son entourage, des années de séparation quand Emmanuel est « monté » à Paris pour intégrer Sciences Po puis l'ENA, des années de rencontres clandestines et de lettres enflammées, jusqu'à leur mariage, célébré dans sa maison familiale au Touquet en octobre 2007.

Certes, le temps de la « com » est venu ensuite poser sa lourde empreinte de « bling-bling » sur cette histoire d'amour atypique, qui s'est transformée comme les autres en storytelling présidentiel. Brigitte est apparue pour la première fois sous les feux des projecteurs lors d'un dîner offert à l'Élysée en l'honneur du roi d'Espagne, le 2 juin 2015, et dès lors elle n'a plus quitté les pages de la presse people, côtoyant l'animateur Stéphane Bern, les acteurs Pierre Arditi ou Arielle Dombasle, ou fêtant l'anniversaire de Line Renaud chez Johnny Halliday. Une semaine après qu'Emmanuel Macron eut lancé à Amiens son mouvement En Marche le 6 avril 2016, *Paris Match* a publié les confidences de Brigitte sur leur histoire d'amour, illustrées de photos de famille. Inquiet par cette dérive « people », le jeune ministre de l'Économie a aussitôt reconnu que cette interview était une « bêtise », ajoutant « qu'on a faite ensemble » pour ne pas accabler sa femme. Mais on ne résiste pas à la politique de l'exhibition, même involontaire, ainsi d'ailleurs qu'aux rumeurs et aux attaques les plus ignobles qui ont été lancées dans la presse ou sur les réseaux sociaux à l'encontre de ce couple atypique et dérangeant. C'est d'ailleurs en partie pour répondre à ces ignominies que les Macron se sont énormément mis en scène, marchant en amoureux main dans la main sur la plage du Touquet ou dans les rues de Paris, et c'est ainsi que Brigitte la clandestine est devenue la première dame la plus médiatisée de notre histoire élyséenne.

« Elle m'est essentielle », a confié le président élu en 2017 pour expliquer l'omniprésence de sa femme à ses côtés, et au point de faire rédiger une « charte de la transparence » définissant le rôle de « représentation » mais aussi de « supervision », de « réflexion » ou de « proposition » qu'elle entend assumer. C'est pourquoi Brigitte, à l'instar de Yvonne de Gaulle et Bernadette Chirac, mais contrairement à toutes les autres femmes de président, a choisi de vivre à l'Élysée, pour être plus proche de son mari ainsi que du pouvoir. « Brigitte c'est moi et moi c'est elle », expliquait Emmanuel en janvier 2018, lors du forum de Davos. Et cet effet d'égalité, ressenti par beaucoup de Françaises et de Français, n'est pas pour rien dans le succès de Brigitte, dont le *Boston Herald* écrivait qu'elle ouvrait « la voie à une authentique libération de la femme ». Si l'on se retourne sur l'histoire mouvementée et romanesque de l'érotisme élyséen, on voit bien à quel point Brigitte Macron incarne la modernité de son époque, contrastant avec la litanie des épouses dociles, soumises, trompées, délaissées qui l'ont précédée. Certes, il y avait eu Danielle Mitterrand la rebelle, mais condamnée à la double vie de son présidentiel époux. Il y a eu Carla l'artiste, puis Julie la discrète, qui ont cassé les codes de la représentation, mais l'une ne fut que la seconde épouse élyséenne et l'autre une compagne sans statut officiel. Avec Brigitte, épouse et première dame à part entière, c'est une forme de relation nouvelle qui fait irruption dans l'histoire ô combien machiste et inégalitaire de l'érotisme présidentiel. Et c'est ce qui fait tout l'intérêt de cette histoire, miroir récurrent de nos injonctions de genre et de nos comportements sociaux.

CONCLUSION

Au temps de la pornographie de masse, déversée sans relâche par les réseaux sociaux, l'érotisme du pouvoir peut apparaître comme un tropisme suranné, une sorte de survivance désuète de pratiques désormais oubliées. Le milieu politique serait-il un conservatoire de cet érotisme d'un autre âge, que la plupart des autres semblent avoir oublié ? On apprend ainsi dans un ouvrage paru en janvier 2018 sur Brigitte Macron, « l'affranchie », que le jeune Emmanuel, apprenti comédien dans son club de théâtre, aurait rédigé à cette époque un petit ouvrage coquin racontant leur idylle, réelle ou fantasmée[1]. Il aurait alors demandé à une voisine, sténodactylo de métier, de lui retaper son ouvrage au propre. « Je le connaissais du quartier et, un jour, il m'a demandé de taper les trois cents pages d'un livre qu'il venait d'écrire. C'était un roman osé, un petit peu cochon !, explique cette femme – précisant que les noms n'étaient bien sûr pas les mêmes – mais je pense qu'il fallait qu'il exprime ce qu'il ressentait à l'époque. » Dans un thriller politique publié en 2011 avec Gilles Boyer, sous le titre *Dans l'ombre*, Édouard Philippe, futur Premier ministre, faisait dire à un de ses personnages amateurs qu'« une vraie poitrine, c'est rond, c'est confortable, c'est accueillant et on doit pouvoir mettre son nez au milieu avec jubilation ». Bruno

Le Maire, lui aussi écrivain à ses heures, racontait en 2004 dans *Le Ministre*, une scène où sa femme Pauline lui « caressait doucement le sexe » dans le bain à Venise. « C'était écrit de manière tellement naïve... ça me paraissait touchant. Je ne pensais pas que ça ferait une polémique », expliqua ensuite Bruno Le Maire dans les colonnes du *Figaro*.

Par ailleurs, plusieurs enquêtes judiciaires récentes ont mis en lumière les déviances érotiques réelles ou présumées de certains personnages publics. C'est ainsi que Georges Tron, député-maire de Draveil et secrétaire d'État, fut accusé de viol et d'agressions sexuelles par deux employées de sa mairie. Bien qu'il ait été acquitté en novembre 2018, la cour d'assises a reconnu qu'il avait bien « participé, en compagnie de son adjointe à la culture, "à des ébats sexuels en présence de tiers dans un climat général hypersexualisé" ». Denis Baupin, dirigeant des Verts et adjoint au maire de Paris, a lui aussi été accusé par huit collaboratrices et élues de son parti de harcèlement, voire d'agression sexuelle. Le procès qu'il a intenté à ses accusatrices en février 2019 s'est retourné contre lui, tant les témoignages étaient convergents. Quant à Gérald Darmanin, ministre de l'Action et des Comptes publics, il a été l'objet d'une enquête consécutive à une plainte l'accusant de viol, mais celle-ci a été classée sans suite en février 2018.

De là à dire que les allées du pouvoir sont peuplées d'érotomanes invétérés, il y a un pas qu'il faut évidemment se garder de franchir. Ce qui a changé depuis quelques années, c'est l'éclairage, la publicité donnée par les médias comme par la *vox populi* à des comportements plus ou moins hors normes qui seraient passés totalement inaperçus il y a encore une vingtaine d'années. À cet égard, le scandale déclenché en 1998 par les « relations inappropriées » entre le président des

États-Unis Bill Clinton et une stagiaire de la Maison-Blanche, Monica Lewinsky, a constitué un tournant décisif dans la perception collective de la sexualité des hommes de pouvoir. L'affaire du Sofitel en mai 2011, qui a vu le directeur du FMI Dominique Strauss-Kahn, grand favori pour la prochaine élection présidentielle, accusé de tentative de viol par Nafissatou Diallo, femme de chambre de l'hôtel, a représenté un second choc décisif pour l'opinion française. À la bienveillance amusée de la tradition « galante » ou plus délurée a succédé la montée irrésistible d'un sentiment d'intransigeance absolue envers les déviances des puissants. On peut d'ailleurs penser que cette vigilance critique, renforcée récemment par le mouvement « meToo », n'est pas sans lien avec la rupture du pacte de confiance entre les citoyens et leurs élites politiques dans la plupart des démocraties du monde. L'opinion publique supporte de moins en moins les privilèges des puissants, y compris la pratique ancestrale du « droit de cuissage » qu'ils ont trop longtemps pratiquée.

Ce que nous montre l'histoire érotique de l'Élysée, c'est qu'au fil des siècles le sentiment de toute-puissance lié à l'exercice du pouvoir a conduit ses détenteurs à des comportements de conquête, voire de prédation, poussant à leur paroxysme les usages de l'époque. Depuis les « poissonnades » du siècle de Louis XV, ces pamphlets qui injuriaient la Pompadour, « la putain du roi », née Poisson, jusqu'aux ignominies proférées à l'encontre du couple Macron sur les réseaux sociaux, on voit bien à quel point les Français sont à la fois passionnés, amusés, choqués, parfois indignés par les péripéties amoureuses de leurs hommes de pouvoir. Cet intérêt jamais démenti s'explique de manière évidente par notre relation de fascination-répulsion pour le monde du pouvoir, ses us et coutumes, ses outrances, ses dérives, dans une société avide de justice et d'égalité, et qui rêve à chaque instant de couper la tête de ceux qui la gouvernent. Mais, de manière paradoxale, c'est nous-mêmes que nous recherchons dans les comportements amoureux de ces « élites » apparemment si éloignées de nous. Leurs romances nous attendrissent, leurs appétits nous amusent, leurs déviances nous indignent parce qu'elles nous parlent de nous.

C'est pourquoi il n'était pas anodin de remonter le fil de cette histoire. Elle nous renseigne sur nous-mêmes, sur l'évolution de notre société dans ses rapports au genre, au couple, à l'altérité, à la puissance, à l'argent et bien sûr au pouvoir. Cette histoire érotique des puissants n'est pas une simple affaire d'anecdotes politiques plus ou moins croustillantes. Au fond, c'est notre histoire commune, une histoire sociale et culturelle, celle de notre perception de l'amour.

NOTES

INTRODUCTION

1. Cité dans *Elle. Les Enquêtes,* « Sexe et politique : la fin des liaisons dangereuses ? », s.d.

2. *Ibid.*

3. Cité dans Renaud Revel, *Les Amazones de la République. Sexe et journalisme à l'Élysée*, Paris, First, 2013.

4. Cité dans Christophe Deloire et Christophe Dubois, *Sexus politicus*, Paris, Albin Michel, 2006.

5. Cité dans Catherine Rambert, *Jeux dangereux à l'Élysée*, Paris, First, 2014.

6. Citée dans *Elle*. *Les Enquêtes*, *op. cit.*

7. *Ibid.*

8. Cité dans *Le Monde* : « Journalistes et politiques : les liaisons dangereuses », 2 décembre 2011.

1. Le temps des libertins, du comte d'Évreux aux « Merveilleuses »

1. Pierre Ménard, *Le Français qui possédait l'Amérique. La vie extraordinaire d'Antoine Crozat, escroc millionnaire sous Louis XIV*, Paris, Le Cherche Midi, 2017.

2. Saint-Simon, *Mémoires*, Paris, Gallimard, « Bibliothèque de la Pléiade », vol. 3-5, 1984-1985.

3. *Mémoires du maréchal duc de Richelieu*, Paris, Firmin Didot, 1858.

4. Évelyne Lever, *Madame de Pompadour*, Paris, Perrin, 2006.

5. *Mémoires de Madame du Hausset*, Paris, Mercure de France, 1985.

6. Marquis d'Argenson, *Journal et Mémoires*, Paris, 1861-1867.

2. Le temps des Bonaparte, de Caroline à Louis-Napoléon

1. Florence de Baudus, *Caroline Bonaparte*, Paris, Perrin, 2014.

2. *Mémoires de Madame de Rémusat*, 1802-1808, Paris, 1880, 3 vol.

3. Frédéric Masson, *Napoléon et sa famille, t. 3 (1805-1807)*, Paris, Albin Michel, s.d.

4. Marie-Pierre Rey, Alexandre Ier, Paris, Flammarion, 2009.

5. Laure Hillerin, *La Duchesse de Berry, l'oiseau rebelle des Bourbons*, Paris, Flammarion, 2010.

6. Pierre Milza, *Napoléon III*, Paris, Perrin, 2004 ; Éric Anceau, *Napoléon III, un Saint-Simon à cheval*, Paris, Tallandier, 2012.

7. Jean des Cars, *Eugénie, la dernière impératrice*, Paris, Perrin, 1997.

8. Nicole Albert, *La Castiglione : vies et métamorphoses*, Paris, Perrin, 2011.

9. *Mémoires du comte Horace de Viel-Castel sur le règne de Napoléon III*, Paris, 1883-1884.

10. Maxime Du Camp, *Souvenirs d'un demi-siècle*, t. 1 : *Au temps de Louis-Philippe et de Napoléon III 1830-1870*, Paris, Hachette, 1949.

11. Michel Carmona, *Morny, le vice-empereur*, Paris, Fayard, 2005.

12. Joanna Richardson (dir.), *Les Courtisanes : le demi-monde au XIXe siècle en France*, Paris, Stock, 1968.

13. Boni de Castellane, *Mémoires*, Paris, Perrin, 1986.

3. Le temps des maîtresses, de Thiers à Clemenceau

1. Georges Valance, *Thiers, bourgeois et révolutionnaire*, Paris, Flammarion, 2007.

2. Xavier Marmier, *Journal 1848-1890*, Genève, Droz, 2 vol., 1949

3. Julien Bertaut, *Secrets d'un siècle*, Paris, Amiot, 1957.

4. Xavier Marmier, *Journal 1848-1890*, *op. cit.*

5. Hector Pessard, *Mes petits papiers 1860-1870*, Paris, Calmann-Lévy, 1887.

6. Gabriel de Broglie, *Mac Mahon*, Paris, Perrin, 2000.

7. Pierre Antonmattei, *Gambetta : héraut de la République*, Paris, Michalon, 1999.

8. Juliette Adam, *Mes souvenirs*, t. 6, Pain, A. Lemerre, 1906.

9. Auguste Scheurer-Kestner, *Mémoires d'un sénateur dreyfusard*, Strasbourg, Blueb et Reunaux, 1988.

10. Jean Garrigues, *Les Scandales de la République*, Paris, Nouveau Monde Éditions, 2013.

11. Jean-Yves Mollier, *Le Scandale de Panama*, Paris, Fayard, 1991.

12. Patrick Harismendy, *Sadi Carnot, l'ingénieur de la République*, Paris, Perrin, 1995.

13. Jean Garrigues, *Le Général Boulanger*, Paris, Perrin, 1991.

14. Cité dans *ibid.*

15. Marie Quinton, *Journal de la belle meunière*, Paris, Dentu, 1895.

16. Maurice Barrès, *L'Appel au soldat*, Paris, Fasquelle, 1900.

17. Archives de la préfecture de Police, dossier Jean Casimir-Périer, Ba 997.

18. Thierry Billard, *Félix Faure*, Paris, Julliard, 1995.

19. Jean Garrigues, *Le Monde selon Clemenceau*, Paris, Tallandier, 2014.

20. Michel Winock, *Clemenceau,* Paris, Perrin, 2007.

21. Jean Garrigues, *Le Monde selon Clemenceau*, *op. cit.*

22. Jean-Denis Bredin, *Joseph Caillaux*, Paris, Hachette-Littérature, 1985.

4. Le temps des égéries, de Deschanel à Daladier

1. Thierry Billard, *Paul Deschanel*, Paris, Belfond, 1991.

2. Adrien Dansette, *Histoire des présidents de la République de Louis-Napoléon Bonaparte à Vincent Auriol*, Paris, Plon, 1987.

3. Paul Doumer, *Le Livre de mes fils*, Paris, Vuibert et Nony, 1906, p. 14-16.

4. Gérard Unger, *Aristide Briand*, Paris, Fayard, 2005.

5. Maxime Tandonnet, *André Tardieu, l'incompris*, Paris, Perrin, 2019.

6. André Maurois, *Mémoires,* Paris, Éditions de la Maison française, 1942.
7. Nicolas Sarkozy, *Georges Mandel, le moine de la politique*, Paris, Grasset, 1994.
8. Élisabeth du Réau, *Édouard Daladier*, Paris, Fayard, 1993.
9. André Maurois, *Mémoires*, *op. cit.*
10. Thibault Tellier, *Paul Reynaud : un indépendant en politique*, Paris, Fayard, 2005.
11. Dominique Leca, *Il y a quarante ans, l'an 40, La rupture*, Paris, Livre de Poche, 1980.
12. Edward Spears, *Témoignage sur une catastrophe,* t. 2 : *La Chute de la France*, Paris, Presse de la Cité, 1964.
13. Éric Freysselinard, *Albert Lebrun, le dernier président de la IIIe République*, Paris, Belin, 2013.

5. Le temps du secret, de Pétain à Chirac

1. Michel Bassi, *Cinq Présidents à armes égales*, Paris, J.C. Lattès, 2005.
2. Bénédicte Vergez-Chavignon, *Pétain*, Paris, Perrin, 2014.
3. Jean-Yves Le Naour, *On a volé le Maréchal* !, Paris, Larousse, 2009.
4. Éric Conan, Henri Rousso, *Vichy, un passé qui ne passe pas*, Paris, Fayard, 1994.
5. Christine Ockrent, *Françoise Giroud, une ambition française*, Paris, Fayard, 2003.
6. Besma Lahouri, *Prends garde à toi si je t'aime. Les nouvelles liaisons dangereuses*, Paris, Michel Lafon, 2014.
7. Lettre du 11 juin 1942 citée dans Éric Roussel, *François Mitterrand : de l'intime au politique*, Paris, Robert Laffont, 2015.
8. Pierre Jeambrun, *Les Sept Visages d'Edgar Faure*, Paris, Jas, 1998.
9. Jacques Mousseau, *Chaban-Delmas*, Paris, Perrin, 2000.
10. Sylvie Guillaume, *Antoine Pinay ou la confiance en politique*, Paris, Presses de Sciences Po, 1984.
11. Alain Peyrefitte, *C'était de Gaulle*, Paris, Galllimard, 1994.
12. Bertrand Meyer-Stabley, *Les Dames de l'Élysée*, Paris, Perrin, 1995.
13. Christophe Deloire et Christophe Dubois, *Sexus Politicus*, *op. cit.*

14. Georges Pompidou, *Pour rétablir une vérité*, Paris, Flammarion, 1982.

15. Voir les chapitres de Christine Clerc et Hervé Gattegno dans Jean Garrigues, *La République des traîtres*, Paris, Tallandier, 2018.

16. Philippe de Gaulle, *Mon Père*, Paris, Plon, t. 2, 2004.

17. Renaud Revel, *Les Amazones de la République*, *op. cit.*

18. *Ibid.*

19. *Ibid.*

20. Catherine Rambert, *Jeux dangereux à l'Élysée*, *op. cit.*

21. Christine Deviers-Joncour, *La Putain de la République*, Paris, J'ai Lu, 1999.

22. Pierre Tourlier, *Conduite à gauche. Mémoires du chauffeur de François Mitterrand*, Paris, J'ai Lu, 2001.

23. François Mitterrand, *Lettres à Anne 1962-1995*, Paris, Gallimard, 2016.

24. Pierre Tourlier, *Conduite à gauche*, *op. cit.*

25. Arnaud Ardoin, *Président, la nuit vient de tomber*, Paris, Le Cherche Midi, 2017.

26. Renaud Revel, *Les Amazones de la République*, *op. cit.*

27. Jacques Chirac, *Chaque pas doit être un but*, *Mémoires*, t. 1, en collaboration avec Jean-Luc Barré, NIL, 2009, Pocket, 2011.

28. *Gala*, 26 septembre 2016.

29. Laureline Dupont et Pauline de Saint-Rémy, *Jacques et Jacqueline. Un homme et une femme face à la raison d'État*, Paris, Robert Laffont, 2016.

30. Renaud Revel, *Les Amazones de la République*, *op. cit.*

31. Bernadette Chirac, *Conversation avec Patrick de Carolis*, Paris, Plon, 2001.

32. Confidences de Jean-François Probst dans Christine Clerc, *Tigres et Tigresses. Histoire intime des couples présidentiels sous la Ve République*, Paris, Plon, 2006.

33. Christophe Deloire et Christophe Dubois, *Sexus Politicus*, *op. cit.*

34. Jean-Claude Laumond, *Vingt-cinq ans avec lui*, Paris, Ramsay, 2001.

35. Catherine Rambert, *Jeux dangereux à l'Élysée*, *op. cit.*

ÉPILOGUE. Le temps de l'exhibition, de Sarkozy à Macron

1. François Mauriac, *Le Nouveau bloc-notes, 1961-1964*, Paris, Flammarion, 1968.
2. José Morel Cinq-Mars, *Du côté de chez soi*, Paris, Flammarion, 2013.
3. Cités dans Jean Garrigues et Jean Ruhlmann, *Élysée Circus. Une histoire drôle et cruelle des présidentielles*, Paris, Tallandier, 2017.
4. Valérie Domain, *Entre le cœur et la raison*, Paris, Fayard, 2006.
5. Renaud Revel, *Les Amazones de la République*, *op. cit.*

CONCLUSION

1. Maëlle Brun, *Brigitte Macron, l'affranchie*, Paris, L'Archipel, 2018.

REMERCIEMENTS

Remerciements à Sophie Bajard, Justine Gérard et Anne-Laure Vouillemin sans lesquelles ce livre n'aurait pu exister.

INDEX DES NOMS DE PERSONNES ET DE LIEUX

Les noms de lieux sont en italique.

TABLE

(du même auteur, suite)

Élysée Circus. Une histoire drôle et cruelle des présidentielles (avec Jean Ruhlmann), Paris, Tallandier, 2016.

Présidents. Au coeur du pouvoir, Paris, Le Faune Éditeur, 2016.

La République des traîtres. De 1958 à nos jours (dir.), Paris, Tallandier, 2018.

Les Scandales de la République. De Panama à l'affaire Benella, Paris, Nouveau Monde Éditions, 2019.

La République incarnée. De Léon Gambetta à Emmanuel Macron, Paris, Perrin, 2019.

La Constitution de 1958 à nos jours (avec Philippe Blachèr), Paris, La Documentation française, 2019.

1870, entre mémoires régionales et oubli national . Se souvenir de la guerre franco-prussienne (dir. avec Pierre Allorant et Walter Badier), Rennes, PUR, 2019.

Les Perdants magnifiques. De 1958 à nos jours (dir.), Paris, Tallandier, 2020.

De Gaulle à la plage. L'homme providentiel dans un transat, Paris, Dunod, 2020.

Lieux de mémoire en Centre-Val de Loire (dir. avec Pierre Allorant, Walter Badier et Alexandre Borrell), Rennes, PUR, 2021.

Imprimé par CPI Black Print (Barcelone)
en décembre 2021
Dépôt légal : janvier 2022

Imprimé en Espagne